Thomas Seltmann

Gottes Mann fürs Grobe

Thomas Seltmann

Gottes Mann fürs Grobe

Predigten

Fromm Verlag

Impressum / Imprint
Bibliografische Information der Deutschen Nationalbibliothek: Die Deutsche Nationalbibliothek verzeichnet diese Publikation in der Deutschen Nationalbibliografie; detaillierte bibliografische Daten sind im Internet über http://dnb.d-nb.de abrufbar.
Alle in diesem Buch genannten Marken und Produktnamen unterliegen warenzeichen-, marken- oder patentrechtlichem Schutz bzw. sind Warenzeichen oder eingetragene Warenzeichen der jeweiligen Inhaber. Die Wiedergabe von Marken, Produktnamen, Gebrauchsnamen, Handelsnamen, Warenbezeichnungen u.s.w. in diesem Werk berechtigt auch ohne besondere Kennzeichnung nicht zu der Annahme, dass solche Namen im Sinne der Warenzeichen- und Markenschutzgesetzgebung als frei zu betrachten wären und daher von jedermann benutzt werden dürften.

Bibliographic information published by the Deutsche Nationalbibliothek: The Deutsche Nationalbibliothek lists this publication in the Deutsche Nationalbibliografie; detailed bibliographic data are available in the Internet at http://dnb.d-nb.de.
Any brand names and product names mentioned in this book are subject to trademark, brand or patent protection and are trademarks or registered trademarks of their respective holders. The use of brand names, product names, common names, trade names, product descriptions etc. even without a particular marking in this work is in no way to be construed to mean that such names may be regarded as unrestricted in respect of trademark and brand protection legislation and could thus be used by anyone.

Coverbild / Cover image: www.ingimage.com

Verlag / Publisher:
Fromm Verlag
ist ein Imprint der / is a trademark of
OmniScriptum GmbH & Co. KG
Heinrich-Böcking-Str. 6-8, 66121 Saarbrücken, Deutschland / Germany
Email: info@frommverlag.de

Herstellung: siehe letzte Seite /
Printed at: see last page
ISBN: 978-3-8416-0458-3

Copyright © 2015 OmniScriptum GmbH & Co. KG
Alle Rechte vorbehalten. / All rights reserved. Saarbrücken 2015

Gottes Mann fürs Grobe
- Predigten -

Blindheit Mk 8,22-26
(die ausgeschriebenen Texte sind eigene Übersetzungen)

Sie kamen nach Bethsaida. Da brachte man einen Blinden her und baten ihn, ihn zu berühren. Er nahm den Blinden bei der Hand und führte ihn hinaus vor den Ort. Dort spuckte er in seine Augen und legte seine Hände auf. Er fragte ihn: Was siehst du? Er blickte um sich und sagte: ich sehe die Menschen wie Bäume umhergehen. Da legte er ihm wieder die Hände auf die Augen, da wurden seine Augen scharf und er sah alles deutlich. Und er schickte ihn heim und sprach: gehe nicht in das Dorf.

Wenn man gutwillig ist, dann sieht man in dieser Geschichte eine Heilungsgeschichte. Fromme, unkritische Menschen werden sich begeistern: seht, zu welchen Leistungen unser Herr Jesus fähig ist. Wunder kann er tun, Blinde heilen. Wenn das kein Beweis von Göttlichkeit ist!

Von wegen! Für alle andern nämlich ist dieser Text schlichtweg eine Katastrophe. Das Wunder kann wohl kaum sehr begeistern, wenn Jesus dafür zwei Anläufe braucht! Ist er etwa nicht Manns genug? Wieso braucht er, der Sohn des allmächtigen Gottes, zwei Versuche? Und was soll der Hokuspokus mit der Spucke?

Wundertäter sind ja garnicht so selten, wie man denkt. Auch zu Jesu Zeiten gab es in jeder Stadt mindestens einen, von dem man überzeugt war, daß der Wunder tun kann. Einem solchen hätte man so etwas wie mit der Spucke und der bangen Frage, ob´s auch geklappt hat zutrauen können.
Aber wenn das nun von Jesus berichtet wird, was unterscheidet ihn dann von diesen Berufszauberern?

Und was hat Markus geritten, diesen Text in das Evangelium zu schreiben, so etwas ist doch glatte Sabotage.

Ich denke allerdings nicht, daß der Evangelist hier einen Aussetzer hatte. Und daß ihm dieser Text so „durchgerutscht" sein soll, ist auch wenig wahrscheinlich. Und daß er kein Pamphlet gegen Jesus schreiben wollte, dürfen wir ihm getrost auch abnehmen, da ja die anderen 99% seines Evangeliums Jesus als den Sohn Gottes bekannt machen.

Was also ist zu dieser Geschichte zu sagen?
Erstens, daß das Wunder an sich weder für Jesus noch für den Evangelisten und offenbar auch für die Zuhörer eine große Rolle spielt. Wunder sollen nichts „beweisen", schon garnicht einen Mann Gottes. Wunder taten, wie gesagt, viele, und das in den seltensten Fällen in Gottes Namen, eher schon in ihrem eigenen.

Zweitens, daß der Evangelist eine Grundbotschaft hat, die er mit der Gestaltung des Evangeliums transportieren will. Er hat ja nicht einfach chronologisch alles aufgezählt, was ihm über Jesus einfiel. Nein, er hat Geschichten gesammelt, hat sie sich erzählen lassen und dann gesichtet, wie er sie am besten und am sinnvollsten zusammenstellt. Und seine Grundbotschaft lautet: Eigentlich ist Gott ein Geheimnis für den Menschen. Aber Jesus ist gekommen, dieses Geheimnis zu lüften. Das war der Zweck seines Kommens.

Und da paßte diese Geschichte hervorragend. Jesus öffnet dem Menschen die Augen. Zuerst erkennt er nur stückweise. Aber dann erkennt er alles in seiner Klarheit.

Jesus öffnet der Blindheit seiner Jünger die Augen und sie erkennen, wer Gott wirklich ist. Sie sehen, wie Gott wirklich ist, nämlich nicht der Gott des Zornes und des Gesetzes, wie ihnen die jüdische Religion seit Jahrhunderten erzählt hatte sondern des Verzeihens und der Liebe.

Und dann öffnet Jesus seinen Zuhörern die Augen, wenn er ihnen zuruft: Selig sind die Armen, die Friedvollen, die Barmherzigen, die Verfolgten und ungerecht Behandelten. Die Welt hatte ihnen nämlich mit ganz anderen Botschaften den Blick vernebelt: reich mußt du sein, dich durchzusetzen in der Lage sein, Barmherzigkeit kannst du dir nicht leisten, dir schenkt schließlich auch keiner was.

Und 30 Jahre nach Jesus übernimmt der Evangelist die Aufgabe, den Lesern die Augen zu öffnen, denn das Streben nach immer mehr Geld, nach einem immer höheren Lebensstandard ohne Rücksicht auf den Nächsten oder die Umwelt oder auch auf Gottes Gebote hat die Menschen schon wieder blind gemacht.

Und heute versucht unter anderem die Kirche, die Menschen von der Blindheit zu heilen, mit der sie geschlagen sind, wenn sie die Kriege dieser Welt einfach hinnehmen, die Flüchtlinge zurückweisen und Armut kriminalisieren. Die Blindheit, die aus dem Versuch spricht, Gott spielen zu wollen und Menschen zu erschaffen – Blindheit für die Würde des Menschen!

Und wir müssen immer wieder darauf hinweisen, immer dringender, so gesehen brauchen wir sicher mehr Versuche als Jesus mit seinen zweien.
Aber der hatte eben auch nur einen einfachen Blinden vor sich. Wir haben es mit einer Volkskrankheit zu tun, die Blindheit heißt. Da ist es nötiger denn je, daß das Evangelium den Menschen wieder die Augen öffnet.

EG 400,4+5
(Die Lieder sind entweder aus dem Evang. Gesangbuch oder aus dem Ergänzungsbuch „Singt von Hoffnung)

Liebe 1. Joh. 4, 7-11

In diesem Text ist soviel von Liebe die Rede, dass es einem schon wieder verdächtig vorkommt. Denn wir leben in einem eigenartigen Zwiespalt: zum einen begegnet uns die Liebe und alles, was mit ihr zusammenhängt, auf Schritt und Tritt, geradezu inflationär. Zum andern ist die Welt geprägt von Lieblosigkeit. Viele, die von Liebe reden, meinen ganz andere Dinge oder haben Hintergedanken. Und meistens muß man gerade bei denen, die am häufigsten von Liebe reden, besonders vorsichtig sein.

Dabei ist die Liebe die schönste Sache der Welt, denn sie verbindet.
Da sind zunächst die Menschen, zwei Menschen, zwischen denen die Liebe aufkeimt. Sie sehnen sich nacheinander, sie suchen sich und sie sind glücklich, wenn sie beieinander sind. Ein stärkeres Band kann es zwischen zwei Menschen nicht geben. Wenn zwei zusammenhalten, dann vermögen sie alles und nichts kann sie darin erschüttern. Ich weiß, wovon ich rede, wenn ich Ihnen sage, dass dieses Bündnis sogar stärker ist als der Tod, zumindest in bestimmten Situationen.

Etwas schöneres kann man nicht erlangen im Leben als einen Partner, eine Partnerin, die aus Liebe in jeder Situation zu einem steht, mit der man sein Leben buchstäblich teilen und auf die man sich einfach nur verlassen kann. So gesehen erfüllt es mich mit Trauer, wenn ich sehe, wie viele Ehen, gerade auch im Bekanntenkreis zerbrechen. Jeder ist von nun an allein mit seinen Sorgen und Nöten. Und das in der Regel in einer der schwersten Zeiten seines Lebens, wenn er gerade den Halt eines anderen Menschen braucht.

Die Liebe ist etwas kostbares, gerade, weil sie so selten geworden ist und man kann sich für jeden freuen, der sie gefunden hat oder jedem wünschen, dass er sie findet oder wiederfindet. Das ist oft nicht einfach und viele Menschen sind deshalb unglücklich. Aber es ist möglich, denn es kann jeden Tag passieren, dass mich jemand plötzlich mag und mir das mitteilt. Das könnte die Chance des Lebens sein, die mich aus meiner Einsamkeit befreit.

Das kann bis ins Alter passieren und in einem Lied beschreibt Gerhard Schöne, wie rührend es ist, wenn alt gewordene Menschen, Eheleute, noch zärtlich miteinander umgehen. Gerade sie wissen, wie schön es ist, wenn man einander noch hat. Wir haben ja heute so ein Ehepaar unter uns.

Liebe hat ganz viel mit Vertrauen zu tun. Das steckt auch in dem Wort Trauung. Zwischen Liebenden wächst Vertrautheit, man öffnet sich dem andern und umgekehrt bis es keine Geheimnisse mehr gibt. Das schafft natürlich auch

Abhängigkeit voneinander und es ist das Schlimmste, was passieren kann, wenn das Vertrauen zwischen Menschen beschädigt wird. Da ist dann in der Regel kaum noch was zu kitten. Aber wahre Liebe beschädigt das Vertrauen, die Vertrautheit nicht. Was sage ich, wahre Liebe? Es gibt keine wahre Liebe, es gibt nur Liebe, denn wenn Liebe nicht wahr ist, dann ist es keine. Oder wir sind wieder bei den eingangs erwähnten Hintergedanken.

Was hat das nun alles mit unserem Glauben zu tun?
Nun, ganz einfach: alles, was über die Liebe zwischen zwei Menschen zu sagen ist, gilt auch für das Verhältnis zwischen Gott und Menschen.
Wir sehnen uns nacheinander, wir suchen einander und wir freuen uns, wenn wir zusammen sind. Wir brauchen einander, wir helfen einander, wir stehen einander bei und wir bekommen Kraft vom jeweils anderen. Ja, ich meine es genauso, wie ich es sage, denn wäre unser Glaube, unser Gottesverhältnis eine Einbahnstraße, dann wäre es kein Liebesverhältnis, genau wie zwischen zwei Menschen.
Gott braucht auch mich, er sucht auch mich und er bekommt auch von mir Kraft, wenn ich ihn bekenne vor den Menschen. Und wer stellt nicht gern stolz seine Geliebte anderen vor?

Und so, wie in einem Liebesverhältnis zwischen zwei Menschen die Vertrautheit und das Vertrauen immer weiter wächst, so schafft die Liebe auch zwischen mir und Gott eine wachsende Vertrautheit. Gott, der im Himmel ist, kommt mir so immer näher, bis er in meinem Herzen ist.
Glauben ist Vertrauen, denn Vertrauen erwächst daraus, dass ich etwas oder jemandem glaube. Im Englischen ist das noch besser zu belegen, denn das Wort faith, also Glauben, steckt in dem Wort für Vertrauen, faithfullness, mit drin. Ja, mehr noch, faithfullness ist die Fülle das Glaubens, die Erfüllung.

Einen Unterschied zwischen der Liebe zwischen zwei Menschen und der Liebe zwischen Gott und Mensch gibt es allerdings und das betrifft das Ende. Bei der Trauung wird gesagt: bis dass der Tod euch scheidet.
Ja, Liebende scheidet der Tod. Das ist sehr traurig. Einer bleibt zurück und ist einsam.
Bei der Liebe zwischen Gott und dem Menschen scheidet der Tod aber nicht. Im Gegenteil: er führt endgültig zusammen. Und das ist unsere große Hoffnung.
So bleiben Glaube, Liebe und Hoffnung, aber die Liebe ist die größte unter ihnen.
Lied 401,4

Stille 1. Tim 2,1-6

Als ich mit einer Gruppe Jugendlicher im französischen Taize zum ersten Mal einen Gottesdienst, der dort einfach nur Gebet heißt, erlebt hatte und mit den jungen Leuten danach vor die Kirche trat, da strömten diese ob des eben Erlebten geradezu auf mich ein. Dabei war ich selbst völlig überwältigt, ich hatte so einen Gottesdienst auch noch nie erlebt.

Was war geschehen? Neben dem, was man in einem Gottesdienst erwartet, also Lesungen und Gesänge (ich nehme an, dass Taizegesänge auch hier wohlbekannt sind), breitete sich an der Stelle, wo man eine Predigt erwartet hatte, Stille aus. Und das volle 10 Minuten lang. Hunderte, im Sommer tausende junger Menschen sitzen oder knien auf dem Boden und sind – still.

So etwas hatte niemand von uns vorher erlebt. Deshalb erhob sich eine rege Diskussion, jeder wollte den anderen sagen, wie er die Situation erlebt hatte. Aber alle waren nicht nur überrascht sondern auch begeistert. Und es stellte sich heraus, dass alle unterschiedlich mit diesen 10 Minuten Stille umgegangen waren: die einen hatten ein stilles Gebet formuliert, andere dem letzten Gesang nachgehangen, wieder andere einfach die Stille und die Atmosphäre genossen. Aber in einem Punkt waren sich alle einig: es war eine der intensivsten Gotteserfahrungen, die sie bisher in ihrem Leben hatten.

Die Erfahrung, die alle gemacht hatten: egal, wie ich die Stille nutze: zum meditieren, zum beten, zum nachdenken,
zum hören oder horchen oder lauschen – entscheidend ist die Konzentration und die Kontaktaufnahme mit Gott. Und das ist auch das, was der Autor des Timothiusbriefes mit seiner Aufzählung meint. Ob es nun Stoßgebete sind, Dank – oder Fürbittgebete, vorformuliert oder frei, vielleicht auch nur hilfloses Gestammel – entscheidend ist die Kontaktaufnahme. Gott weiß, dass da jemand klingelt.

Aber viele machen die Erfahrung, dass er still ist. Er antwortet nicht. Man hört ihn nicht reden. Hat er mich überhaupt gehört? Woher weiß ich, dass ich zu ihm durchgedrungen bin? Die Urväter im Alten Testament hatten es gut, die konnten Gott noch reden hören. Wir müssen uns mit dem Glauben und der Hoffnung begnügen, dass Gott uns wahrnimmt und zuhört. Das ist nicht einfach. Gibt es nicht vielleicht etwas, an dem wir merken können, dass wir zu ihm durchgedrungen sind?

Und hier führt uns der Briefschreiber Jesus vor Augen. Er ist der Mittler, der uns hin zu Gott führt.

Das Besondere an Jesus von Nazareth war, dass er als Allererster die archaischen Religionen überwand. Die alten Religionen einschließlich des Judentums beschränkten sich darauf, Gott zu bestimmten Zeiten und besonderen Anlässen Gebete, Opfer und Rituale zu weihen. Und das auch nicht der einzelne Mensch sondern von ihm eingesetzte Priester. Ein persönliches Verhältnis zu Gott war vollkommen unbekannt. Es war auch vollkommen undenkbar: wenn nicht einmal der Name Gottes bekannt und ausgesprochen werden durfte konnte der einfache Mensch von so etwas wie der zärtlichen Anrede: Abba, Vater oder lieber Vater nicht einmal träumen.

Zwar hatte es auch schon unter den Propheten Israels eine Ahnung davon gegeben, dass Opfer und Rituale nicht der ganze Inhalt des Glaubens sein können, aber erst Jesus kam mit der Botschaft zu den Menschen: Sucht ein persönliches Verhältnis zu Gott, sucht ihn unmittelbar und hört auf, euern Glauben mit Ritualen und Opfern an Priester abzudelegieren.

Damit hat Jesus ein ganz neues Gottesverständnis in die Welt gebracht, einen Glauben, der sich von allen anderen Religionen unterschied und bis heute unterscheidet: Wir können persönlich Kontakt zu Gott aufnehmen.
Wie das geschieht? In der Person Jesu Christi.
Stellen Sie sich einen Trichter vor: Man schüttet Flüssigkeit hinein, manchmal aus mehreren Gefäßen gleichzeitig. Im Trichter sammeln sie sich, vermischen sich und werden dann zu ihrem Ziel geleitet.

Jesus hat genau diese Trichterfunktion übernommen: All unsere Gebete, unsere Sorgen und Freuden, die wir Gott mitteilen wollen, jeder Versuch, mit ihm in Kontakt zu kommen, alles sammelt sich in diesem Trichter und wird dann durch ihn direkt zu Gott geleitet, dorthin, wo es am Nötigsten ist, genau wie bei einer Medizin, die zielgerichtet dorthin gelenkt wird, wo sie am besten heilen kann.

Deshalb nennt der Text Jesus ausdrücklich „den Menschen", der als solcher die Botschaft brachte vom persönlichen Gott an den sich jeder selbst wenden sollte. Aber das war so unerhört zur damaligen Zeit, so blasphemisch sogar, denn wer wolle es wagen, den großen Gott persönlich anzusprechen? – dass noch etwas fehlte, um diese Botschaft auch glaubhaft zu machen. Jesus musste sich selbst als Garant in die Waagschale werfen. Er musste zum Christus und zum Auferstandenen werden und die Menschen sehen lassen: Seht her, dafür stehe ich mit meinem Leben ein.

Jesus hat das Bild von dem Trichter nicht gekannt. Aber er hat den Menschen immer wieder gesagt: „Alles, worum ihr bittet in meinem Namen…", Ich bin der Weg, die Wahrheit und das Leben, Siehe, ich habe für dich gebetet …

- das alles heißt: du kannst ein persönliches Verhältnis zu Gott herstellen. Du brauchst nicht den unpersönlichen Umweg über Ritual und Opfer zu gehen.

Aber es geht nur mit und durch Jesus. Dafür kannst du aber auch sicher sein, dass dieser Trichter all dein Gestammel, deine unfertigen Gebete, deine hilflosen Versuche aufnimmt, bündelt und direkt zum Ziel leitet.

Lied: 373,4

Moral 1Thes 4,1

Neulich ging ein Nobelpreis an den Professor, der die Invitrofertilisation erfunden hat, also die künstliche Befruchtung. Viele, man sagt, jedes 10. Paar könne keine Kinder bekommen, viele Paare sind so dennoch zu glücklichen Eltern geworden. Die kath. Kirche hat gegen die Nobelpreisverleihung protestiert: zu viele Föten gingen dabei verloren, die sonst lebende Menschen hätten werden können. Einmal mehr gerierte sich die Kirche als moral. Instanz. Ist das gerechtfertigt?

Nun, Tatsache ist, dass die Christen im rö. Reich eine Parallelgesellschaft bildeten. Sie hoben sich im nichtrel. Bereich vor allem durch alternative Moralvorstellungen ab.
Der Text zeigt deshalb die Gepflogenheiten, die die Christen in der antiken Welt umgaben. Man muß ja wissen, dass das, was die Bibel schildert und kritisiert, sowohl im NT als auch bei dem, was die atl. Propheten geißelten, genau die Realität darstellte, die vorherrschte:
Es herrschte auf dem Gebiet der Sexualität eine Freizügigkeit, die der in unserer Welt in nichts nachstand. Der Unterschied zu heute ist nur, dass die Rolle der Frau heute zumindestens in der westlichen Welt deutlich gehobener ist: in der Antike galt die Frau als Eigentum des Mannes, als Arbeitstier, Kindergebärerin und Haushälterin. Darüber hinaus als Unterhaltungs – und Sexualobjekt.

Paulus stellt dem entgegen, welche Einstellung die Christen auszeichnen sollte: Nämlich die eigene Frau wertschätzen. Also nicht durch Verkehr mit Huren die eigene und Frauen allgemein geringzuschätzen. Eben gerade nicht als ein Objekt betrachten sondern als eine eigenständige Persönlichkeit. Das war in der antiken Welt etwas unerhörtes, noch nie Dagewesenes. Ebenso ermahnt er die Leute in Thessalien zu Ehrlichkeit und Anständigkeit angesichts der herrschenden Habsucht u. Betrügereien. Auch das hat sich bis heute kaum geändert.

Nun kann man sagen, dass die Kirche im Laufe ihrer Geschichte allgemein und angesichts der Verfehlungen, die in diesem Jahr in Deutschland ans Licht gekommen sind, das Recht auf moral. Urteilsinstanz verwirkt hat, aber der Fakt bleibt: Menschsein ohne moralische Schranken wendet sich letztlich gegen die Menschen selbst. Und Sexualmoral u. Geschäftsmoral, die hier genannt werden sind nur zwei Beispiele von all dem, was Menschen zu anständigen Menschen macht.
Wenn der Mensch sich nicht daran hält, richtet er Schaden an, der nicht nur andere, sondern auch sich selbst beschädigt:

In den Nachrichten wurde von einem Fall in Bayern berichtet: ein Mann tötete seine Frau u. sich selbst, weil sie sich prostituierte während er in Afghanistan war.

Oder nehmen Sie die Bankenkrise: jahrelang wurden krumme Geschäfte gemacht, die Branche machte märchenhafte Gewinne bis die Blase platzte und ein Schaden entstanden war, der letztlich auf die ganze zumindest westliche Gesellschaft zurückfiel u. kürzlich auch einem der Zocker selbst das Leben ruinierte.

Der Begründer der Soziologie Max Weber hat festgestellt: konfuzianisch geprägte Gesellschaften kennen keine Moralvorstellungen wie Menschen mit christlich – jüdischem Gesellschaftshintergrund weil sie keine Jenseitsverheißungen haben wie im Christentum, wo eine Instanz nach dem Tode die irdischen Taten des Menschen vergilt. Resultat: wilder Raubtierkapitalismus, Produktpiraterie und Bereicherung mit allen, auch kriminellen Mitteln bis hin zu den Skandalen mit gepanschter Babynahrung.

Werden solche Menschen dann ihrer Untaten überführt, ist es gar nicht selten, dass sie Selbstmord begehen, denn ihr Lebensentwurf, sich selbst möglichst schnell zu bereichern, ist gescheitert und sie haben nichts mehr, was sie noch anstreben können. Und bezeichnenderweise ist das Schlimmste, was konfuzianisch geprägten Menschen passieren kann, dass sie ihr Gesicht verlieren. Da bleibt nur noch der konsequente Ausweg des Suizides. Das Verlieren des Gesichtes, das ist die einzige moralische Kontrollinstanz und nicht, wie in christlich, jüdisch oder auch muslimisch geprägten Gesellschaften, ein Gericht nach dem Tod.

Wir Christen wissen, dass uns dann jemand fragen wird, was wir so getrieben haben und warum und dass das dann Konsequenzen haben wird.
Deshalb sind die Mahnungen des Paulus ernst zu nehmen, auch von uns heutigen Menschen, denn es ist zu unserem eigenen Nutzen. Moralvorstellungen über Bord zu werfen und mal so richtig die Sau rauszulassen mag kurzzeitige Freuden bringen aber auf jeden Rausch folgt der Kater. Sich dagegen gewisse Grenzen zu setzen bringt zwar Einschränkungen, wird aber langfristig belohnt: der gute Ruf, den sich ein Handwerker erwirbt, wenn er ehrlich und anständig bleibt und nicht auf das schnelle Geld aus ist, macht ihn zu einem geachteten Mann, der gerade deshalb Aufträge bekommt.

Wer seine Frau mit Liebe und Achtung für sich gewinnt, der gewinnt gleichzeitig eine buchstäblich bessere Hälfte, wobei die Betonung aber auf Hälfte liegt: in jeder Notlage, bei jedem Problem, gegen jedes Unheil hat er eine

Gefährtin auf seiner Seite, die mehr als moralische Unterstützung bietet – eine Hilfe, die ihm kein anderer Mensch geben kann und will, denn dazu gehört Hingabe und die leistet keiner freiwillig für einen anderen, wenn es kein so besonderes Band zwischen Beiden gibt wie die Liebe. Diesen Abschnitt müsste ich eigentlich nocheinmal wiederholen und die Geschlechter austauschen, denn es gilt umgekehrt genau dasselbe.

Aber das schenke ich mir. Ich denke, Sie haben es schon verstanden: wenn es sich schon für die Menschen untereinander auszahlt, gewisse Grenzen der Moral einzuhalten, dann gilt das umso mehr für den, der uns diese Grenzen gegeben hat: in den 10 Geboten, durch die Propheten, durch Jesus Christus und eben auch durch Paulus: Irgendwann werden wir Rechenschaft abgeben müssen und dann ist es nicht das Schlechteste, wenn wir mit einem einigermaßen guten Gewissen auftreten können: immerhin habe ich mich mein Leben lang bemüht, freundlich und anständig zu sein.

Lied 295,4

Schwäche 2. Kor. 12, 1-10

Wenn man sie nur so zur Erbauung liest, dann stößt man in der Bibel auf doch merkwürdige Absurditäten: da heißt es, man solle auch noch die linke Backe hinhalten, wenn man eins auf die rechte bekommen hatte oder dem, der einem das Hemd geklaut hat, auch noch die Jacke hinterherwerfen und solche Dinge. Wer hält sich denn an so was? Wenn mir einer eins auf die Mütze gibt, dann haue ich: entweder zurück oder ab, je nachdem wie groß der andere ist.
Aber die andere Backe hinhalten?
Die Feinde lieben? Unrecht unwidersprochen hinnehmen? Auf Gott vertrauen, dass der einem Recht verschafft im anderen Leben?
Was soll denn das? Ist die Bibel wirklich so weltfremd? Wissen wir nicht, wie die Welt in Wirklichkeit tickt: dass Nachgeben sofort als Schwäche gedeutet und kräftig ausgenutzt wird? Daß der, der nicht zurückschlägt, niedergeschlagen wird? Daß der, der Gott vertraut, dass der ihm hilft, ausgelacht wird? Und dass um uns herum gnadenlos das Recht des Stärkeren gilt?
Die Welt sieht oft ganz anders aus als das Bild, das wir in der Bibel von ihr finden. Ist sie also unzeitgemäß, weltfremd, absurd?

Nun, man muß schon etwas genauer hinsehen. Die Welt ist in Wahrheit viel komplizierter als wir vielleicht denken. Zwar gilt schon meist d. Recht d. Stärkeren, wir leben ja in einem Rechtsstaat, und die Evolution scheint das auch zu bestätigen: dass sich immer d. Stärksten durchsetzen,
Aber es gibt auch merkwürd. Ereignisse: nämlich Siege d. Schwachen: Libyen, Ägypten oder auch Vietnam, Afghanistan: es sind durchaus nicht immer d. Starken, die gewinnen:
Bsp. Revolution 1989: ging los mit d. Friedensgebeten – belächelt, lange so dahingedümpelt – u. dann doch so eine Kraft entwickelt.
Das hat gezeigt: es ist möglich, auch, wenn du es nicht glaubst: wenn man daran glaubt, kann Glaube in der Tat Berge versetzen.

Warum das so ist?
Weil Kraft ist nicht Physis ist, nicht Geld, viele Kanonen oder große Muckis sond. Psychologie.
Die USA versuchen seit Jahrzehnten, ihre Probleme mit Geld u. Gewalt zu lösen – war damit auch lange erfolgreich aber:
seit 20 Jahren gewinnen sie keinen Krieg mehr – warum? weil ihnen Gegner gegenüberstehen, die mit dem Herzen kämpfen
Warum waren Napoleons Armeen so erfolgreich – weil sie für eine Idee kämpften u. nicht für einen Herrscher, der seine eigenen egoist. Ziele durchsetzen wollte.

Paulus sagt uns hier eine tiefe Wahrheit: am Ende setzen sich Recht, Glaube, Anständigkeit u. Beharrlichkeit durch.

Jesus gab uns dafür das Beispiel aber es sind seitdem noch viele weitere dazugekommen, wie ich schon gesagt habe. Franz von Assisi predigte Vögeln und alle hielten das für verrückt – aber er ist heute ein Heiliger. Martin Luther stand allein gegen alle – und hat sich durchgesetzt. Der Glaube ist schon tausendmal für tot erklärt worden – und gibt immer noch Millionen Menschen Halt, Hilfe und Hoffnung. Und diese Menschen – sind sie wirklich alle weltfremd, unzeitgemäß, absurd?

Paulus sagt, er mache sich keine Sorgen deswegen. Und deshalb brauchen auch wir uns keine Sorgen zu machen. Wir sind keine weltfremden Spinner, keine einfältigen Schwachköpfe, keine schrägen Extremisten. Nein, wir gehören zu den Schwachen, die in Wahrheit die Stärksten sind weil wir nicht mit Waffen kämpfen sondern mit Liebe siegen. Was uns antreibt ist nicht Siegeswillen sondern Heilsgewissheit. Und was uns trägt ist nicht die Welt sondern Gott. Deshalb sind wir stark, auch, wenn es nicht gleich so aussieht.

Wir gehören zu denen, die seit Anbeginn der Welt auf der richtigen Seite standen, wenn es sich zu entscheiden galt, ob man zu Gott gehören will oder nicht. Das ist ein Geschenk, für das wir Gott danken können. Das gibt uns in all unserer Unsicherheit im Leben, in der Welt und andern gegenüber Halt und Stabilität. Das hat uns Gott gegeben, wir haben es von unseren Eltern gelernt, in unserem Leben in der christl. Gemeinde und das erfahren wir täglich neu, wenn wir uns trauen, es auszuprobieren. Auf die Stärke Gottes können wir bauen, trotz, dass sie in der Welt wie Schwäche aussieht. Und wenn wir uns darauf verlassen, dann erfahren wir, wie stark wir in Wirklichkeit sind.

EG 354,3

Bußtag 2011

Du sollst deinen Nächsten lieben wie dich selbst

In der Hymne der Europäischen Union, Freude, schöner Götterfunken, kommt die Zeile vor: Alle Menschen werden Brüder. Das ist schön, das singen wir gerne und das ist auch ein schöner Text für die Einheit der europäischen Staaten. Alle Menschen werden Brüder – natürlich nur die, die keine Nachbarn sind!

So kennen wir die Menschen, so sind wir selber: höflich, freundlich, hilfsbereit und gastfreundlich – nur die nicht, die in unserer Nähe wohnen.
Ein Völkerkundler aus Holland hat Stämme in Papua-Neuguinea besucht und berichtet in einem Buch davon, was diese ihm so erzählt haben. Alle ihre Nachbarstämme sind primitiv, schmutzig, eingebildet, feindselig und faul.

Das kennen wir. Wir wollen uns ja nicht hervorheben, natürlich haben wir auch unsere Fehler, aber die Polen klauen. Die Tschechen sind schmutzig. Die Österreicher sind eingebildet. Die Holländer sind feindselig, die Dänen abweisend, die Schweizer überheblich und die Franzosen faul. Das ist bekannt. Und natürlich macht setzt sich das im Inland fort: die Bayern, die Preußen, die Fischköppe und ich will garnicht davon reden, wie die Erzgebirger über die Vogtländer denken.

Alle Menschen werden Brüder, alle stehen mir nah – nur nicht meine Nächsten.

Jesus wurde einmal gefragt, wer denn mein Nächster sei. Da erzählte er das Gleichnis vom barmherzigen Samariter. Das ist schön gesagt und gut gemeint aber eigentlich hat er da etwas übersehen: der Samariter ist ja dem Überfallenen ein Fremder. Und zu Fremden sind wir natürlich höflich, freundlich und hilfsbereit.

Das Gleichnis würde vielleicht viel stärker wirken, hätte Jesus einen Nachbarn den Verletzten finden lassen. Stellen Sie sich vor, Sie würden einen verletzten Polen finden, der mit dem eben geklauten Auto einen Unfall gebaut hat.

Der Nächste ist nicht nur der Fremde sondern, wie schon das Wort sagt, der Nah-ste. Aber den kennen wir eben und so ist der Pole so, der Ösi so und der Grieche – na, Sie wissen schon.

Die europäische Union wurde erst richtig möglich, als der eiserne Vorhang zusammenbrach. Nicht wenige träumten damals von einer goldenen Zukunft, von ewigem Frieden und der Verbrüderung der Menschen. Alle Menschen werden Brüder – das gab man sich als Hymne.

Nun sehen wir, was wirklich geschehen ist, als die Supermächte als Zuchtmeister des eigenen Lagers zusammenbrachen: überall in der Welt begannen Menschen, aufeinander einzuschlagen und auch im eigenen Haus, im Haus Europa wollen immer mehr die Treppenaufgänge verrammeln und die da unten sich selbst überlassen.

Im 25. Kapitel beschreibt uns der Prophet Jesaja die Vision eines großartigen Festmahles der Völker:
HERR, du bist mein Gott, ...

Ein Festmahl, ein gemeinsames Essen überhaupt ist ein Zeichen der Freundschaft. Wer sich nicht leiden kann, der speist auch nicht zusammen weil das Tischtuch zerschnitten ist. Deshalb treffen sich auch Politiker oder Wirtschaftsbosse bei ihren Verhandlungen zu gemeinsamen Essen. Freundlichkeit und Eintracht wird damit ausgedrückt. Deshalb laden wir Freunde zum Essen ein, deshalb kocht die Hausfrau selbst und gibt sich ganz besondere Mühe.

Wenn nun Jesaja Gott sieht, der alle Völker zum Festmahl versammelt, dann drückt er damit aus, wovon wir alle träumen: dass Friede und Eintracht herrsche unter uns, dass der Löwe bei dem Lamm liegt, dass alle Menschen Brüder werden und der Grieche wieder ein Alexis Sorbas ist: ein Tausendsassa, der in den Tag hinein lebt und ein wenig verrückt ist aber auch ein phantastischer Mensch, der uns in seiner Unbeschwertheit, seiner Gastfreundschaft und seinem Gemeinschaftssinn ein Beispiel geben kann.

Das ist nun nicht so einfach zu bewerkstelligen, denn eigentlich ist ja der Franzose …
Es fällt uns Menschen nicht immer leicht, das Gute im Nächsten zu sehen. Es fällt uns auch nicht leicht, Vorurteile zu überwinden und aufeinander zuzugehen. Das müssen wir von Tag zu Tag neu lernen und immer wieder üben. Die Politiker arbeiten sich daran ab, es den Menschen einzuhämmern, endlich Brüder zu werden.

Wir haben einen Gott, der es genauso macht. Seit er die Menschen geschaffen hat und ihm da bei dem Kain etwas aus dem Ruder gelaufen ist, versucht er unermüdlich, die Menschen wieder dazu zu bringen, gut miteinander umzugehen. Der Jesaja sieht geradezu eine Festtafel vor sich, an der Gott sie mal alle zusammengebracht hat, die Dänen und die Polen, die Tschechen und die Slowaken, die Bosnier und die Serben, die Palästinenser und die Israelis und die Preußen und die Bayern. Leider ist es nur (vorerst noch) eine Vision. Denn die müssen auch alle kommen wollen. Aber Gott lässt in seinem Bemühen nicht nach. Und an einem Tag wie dem Bußtag erinnert er uns wieder daran: Du hast 7 Milliarden Nächste. Komm zu Tisch und speise mit ihnen.

Es ist eigentlich nicht schwer. Ich muß garnicht viel tun. Ich kann mich an einen gedeckten Tisch setzen. Gott hat ihn gedeckt. In ihm, das heißt in der Verehrung Gottes als den, der uns alle geschaffen hat und jeden, den er geschaffen hat, auch liebt, können alle Menschen Brüder werden. Wenn sie es nur wollen.

Lied 419

Epiphanias 2014 Erscheinung

Ein Lottoschein, ein Geldschein und ein Fahrschein - was haben die gemeinsam?
Es sind Scheine. Was ist ein Schein?
Ein Schein ist ein Anrecht auf eine Leistung. Mit einem Schein kann ich etwas abrufen, das mir zusteht. Mit dem Geldschein kann ich eine Ware bezahlen, mit dem Fahrschein (heute sprechen wir ja nur noch von „Ticket") eine Wegstrecke befördert werden und mit dem Lottoschein ... na ja!

Allerdings: warum nennen wir das Ding einen „Schein"?
Was ist ein Schein? Es gibt ja noch mehr Scheine: den Sonnenschein, den Mondschein, es gibt Erscheinungen und Scheinbares, es scheint, als sei dieses Wort allgegenwärtig.

Allerdings ist „Schein" etwas Schillerndes. Es ist nicht sicher. Es scheint nur so. Was ich mit einem Schein erwerbe, kann auch verlorengehen oder gar nicht erst in Erfüllung: ein Fahrschein kann verfallen, Geld ebenfalls und ein Lottoschein - na, Sie wissen ja selbst. Ich habe zwar ein Anrecht erworben. Aber es scheint nur so, daß ich es auch bekomme - es kann sein, kann aber auch nicht sein.
So ist es mit dem Schein: er ist was Schönes, er macht Hoffnung aber wir habens nicht in der Hand, daß es uns auch zuteil wird.

Das erste christl. Fest des Jahres ist das Epiphaniasfest. Da sind nach dem MT - Evang. die Hl. 3 Könige erschienen. Vorher hatten sie eine ziemlich krasse Erscheinung: es war ihnen ein Stern erschienen. Und deshalb heißt Epiphanias Epiphanias - nämlich Erscheinung.

Die 3 Könige oder Weisen also hatten so etwas und machten sich gleich auf den Weg um es zu erforschen. So erschienen sie im Hl. Land, zuerst beim König Herodes. Dem waren sie allerdings keine schöne sondern eine buchstäblich schreckliche Erscheinung. Er erschrak und mit ihm ganz Jerusalem - so schreibt die Bibel.
Anschließend erschienen sie doch noch im Stall zu Betlehem. Dort werden sie zuerst wohl auch ziemlich erschrocken sein: die heilige Familie über diese drei abenteuerlichen Gestalten und diese über das, was sie nun vorfanden: einen Stall, ein Kind in einer Krippe, einen Ochsen und einen Esel und so weiter.
Und dann kam das spannendste: in der Nacht hatten sie eine weitere Erscheinung, nämlich, daß sie gewarnt wurden von einem Engel, genau wie der Joseph.

Diese Magier oder Könige oder was immer sie auch waren - sie waren seltsame Gestalten. Die mittelalt. Theologie sah sie als Beispiel, daß sogar die Heiden von diesem Weihnachtsgeschehen gehört hatten und das Gotteskind anbeteten. Sie waren dann auch ein Berechtigungsschein, zumindest ihre Gebeine: einer zum Gelddrucken. Ihre Reliquien machten die Kölner so reich durch die Pilger, daß sie sich den größten Dom ihrer Zeit leisten konnten.

Aber was diese drei Gestalten richtig gemacht haben: sie haben sich vom Schein nicht beirren lassen. Sie haben ihm geglaubt und sofort gehandelt. Das ist es, was wir für uns festhalten müssen: vieles in unserem Leben ist nur Schein. So vieles, daß wir vielleicht oft resignieren und sagen: das wird sowieso nichts. Es scheint nur so. Es scheint nur so, daß ich etwas gewonnen habe, wenn im Briefkasten so eine Mitteilung liegt. Es scheint nur so, daß der Glaube mir etwas bringt. Es scheint nur so, daß es einen Gott gibt, an den ich mich wenden kann. Es scheint nur so, daß es nach dem Tod weitergeht. Lieber nicht vom schönen Schein blenden lassen.

Trotzdem sollten wir dem Schein nicht grundsätzlich skeptisch gegenüberstehen. Denn er erwirbt uns dennoch ein Anrecht. Wenn ich den Schein wegwerfe, dann bekomme ich es mit Sicherheit nicht. Nur wenn ich dem Schein vertraue, kann ich auch auf das, was er verheißt, hoffen. Sei es ein Fahrschein, ein Geldschein oder sogar ein Lottoschein.

Und ich sollte schnell handeln. Es könnte sein, daß sonst der Schein seine Gültigkeit verliert. Wer sich zuviel Zeit läßt, der könnte sie verstreichen lassen, die Gelegenheit.

Christus, der in die Welt kam, hat uns ein Anrecht gegeben auf die Erlösung. Einen „Erlösungsschein". Den einzulösen sollten wir nicht zögern, genau wie die 3 Könige.
Denn durch unser begrenztes Leben hat dieser Schein auch nur eine begrenzte Gültigkeit. Allerdings ist dieser Schein ein sicheres Anrecht für mich, anders als so viele Scheine dieser Welt.

Das kann ich aber nicht wissen. Das scheint nur so. Das kann ich nur glauben. Denn so ist das mit dem Schein: er kann wahr sein oder nicht, er kann für uns die Erfüllung sein oder eine Enttäuschung. Das haben wir nicht in der Hand. Das können wir nur glauben, genau wie die drei Weisen, die sich bei er Sichtung eines hellen Sternes Hals über Kopf auf den Weg gemacht haben ins Ungewisse. Aber es ist gut gegangen: sie haben die Erfüllung gefunden.

Lied: 73, 3+4

Opfer Gn. 22, 1-13

Schon seit meiner Christenlehrezeit haben mich im Zusammenhang mit dieser Geschichte Fragen beschäftigt. Zu unwirklich kam mir das immer vor: da fesselt Abraham, dieser alte, gütige Stammvater, seien Sohn, um ihn zu schlachten. Das ist unmenschlich, blutrünstig, brutal. Das passt nicht in unsere Glaubenswelt. Das spricht eine völlig andere Sprache, als wir sie vom Glauben kennen. Deshalb habe ich schon als Kind Fragen an diesen Text gehabt: Warum lässt Isaak sich das gefallen? Warum begehrt er nicht auf, wehrt sich oder ruft wenigstens um Hilfe? Warum lässt er sich so widerspruchslos zur Hinrichtung führen? Und Abraham – warum spielt er dieses grausame Spiel mit? Er muß doch merken, dass das völlig widersinnig ist: erst wird ihm der Nachkomme, der Hoffnungsträger geschenkt und nun soll er ihn wieder opfern!

Und wozu überhaupt? Unsere Kantorin wollte uns damals einreden, das sollte ein Glaubensbeweis sein. Aber ich bitte Sie: was für ein Glaubensbeweis soll denn das sein, der auf Kosten des Lebens eines Unschuldigen stattfindet. Und: wer schlachtete denn seinen eigenen Sohn als Glaubensbeweis? doch nur gefährliche Fanatiker!
Und die letzte Frage: Warum macht Gott so was? Abraham hatte doch schon mit seiner Reise nach Kanaan seine Treue bewiesen. Außerdem kann Gott doch in die Herzen sehen. Wozu dann noch ein solcher Glaubensbeweis.

Nein, rationell ist diese Geschichte nicht zu erklären, nicht von unserem chr. Glaubensverständnis her. Es handelt sich um eine Geschichte aus der Zeit, als es in Kanaan noch eine archaische Religion gab, die Menschenopfer kannte. Vielleicht wurde die Geschichte als Legende erzählt um zu verdeutlichen, dass die Menschheit irgendwann vom Menschen – auf das Tieropfer umschwenkte. Ein Entwicklungsschritt der Religion hin zur Vermenschlichung. Wer die Legende erzählte, der wollte damit sagen: Gott ist so ein gnädiger Gott, dass er irgendwann einmal keine Menschenopfer mehr mochte sondern stattdessen Tieropfer annahm. Gleichwohl lassen uns Menschen des 21. Jahrhunderts die Bräuche und Anschauungen der Urväter erschauern.

Aber Menschenopfer gab es in jeder Religion und sie sind eng mit dem Glauben verbunden, ja, sie sind so alt wie der Glaube selbst. In jedem Volk hat es Zeiten gegeben, in denen Menschen rituell hingerichtet wurden. Auch die Germanen opferten ihre Kriegsgefangenen und Anführer, sie werden heute in den Mooren Norddeutschlands gefunden.
Und das ist keine 2000 Jahre her. Da gab es so etwas im Judentum schon lange nicht mehr.

Der Glaube ist nichts Statisches sondern entwickelt sich, genau wie die Geschichte weiter. Erst wurde das Menschenopfer vom Tieropfer abgelöst, dann trat an dessen Stelle das symbolische Tieropfer: man gab nur noch Teile des Opfertieres hin und nutzte den Rest selbst. Und dann gab es irgendwann nur noch Sachopfer.

Zur Zeit Jesu war es so: man brachte zum Passahfest sein bestes Lamm zum Tempel, wo die Priester es schlachteten. Das Blut und die Eingeweide wurden auf dem Brandaltar geopfert und das gute Fleisch nahm der Familienvater wieder mit nach hause und es diente dem Passahmahl, dem Festschmaus. So war es im Judentum Brauch, so verlief das Passahfest – oder auch Osterfest. Deshalb: Osterlamm.
Schließlich aber wurde das Opfer ganz abgeschafft. Die Opferreligion, die Vorstellung, ich müsse Gott etwas geben, damit ich wieder etwas von ihm erhalte, diese Haltung ist mit dem Opfertod Jesu ad absurdum geführt. Diese Rückkehr zum Menschenopfer ist so anachronistisch und unsinnig, dass sie förmlich nach einer Neubewertung schreit. Glaube ist nicht mehr Opfer sondern Liebe, Vertrauen und Innigkeit.

Gott ist nicht mehr die fremde, drohende Macht, die man mit einem Opfer besänftigen muß sondern er ist der Vertraute, an den ich mich in Freude und Leid, in Glück und Verzweiflung wenden kann. Und so unterscheidet sich das Christentum von allen anderen Religionen: nicht ich als Mensch muß Gott Opfer bringen sondern er bringt sich mir zum Opfer. Deshalb ist diese brutale Abrahamslegende immer noch ein vorgeschriebener Predigttext: er soll zeigen, dass mit Jesus etwas Ähnliches und doch ganz anderes in die Welt kam.

Da opfert einer seinen Sohn, den Hoffnungsträger, den Erlöser – völlig widersinnig, denn so wird ja die Hoffnung zerstört, die Erlösung verhindert. Deshalb wird die Tat ja auch verhindert, dort, bei Abraham und Isaak.
Bei Gott und Jesus wird sie aber nicht verhindert. Wieso dient sie dann der Erlösung, der Hoffnung?
Nun, ein Opfer braucht keine Leidenschaft. Es ist ein Geschäft. Zwar muß etwas hergegeben werden aber dafür erhält man ja etwas zurück.
Bei Jesus ist das anders. Der Opfernde leidet an seinem Opfer, er leidet mit seinem Opfer, ja, er ist das Opfer selbst. Gott leidet an den Menschen, an uns, die wir ihn so oft leiden lassen wenn wir anderen Leid zufügen. Wir Menschen sind so mit unseren eigenen Problemen beschäftigt, dass wir nicht auch noch Gott etwas abgeben können. Wir haben nicht genug für unsere Mitmenschen, wie sollten wir dann noch etwas für Gott haben.

Und daran leidet Gott und sagt: gut, dann gebe ich das Opfer. Vielleicht rührt es euch, vielleicht öffnet es euch die Augen und ihr beginnt, über euch, über mich und über unser Verhältnis zueinander nachzudenken.

Wir müssen ja dieses Opfer nicht annehmen und viele nehmen es auch nicht an. Aber es ist uns angeboten und es kann uns ändern. Es kann uns zu Menschen machen, so, wie sie Gott wirklich wollte.
Dieses Opfer sagt uns: du musst nicht ihm etwas geben. Du musst dir etwas geben. Das Opfer ist nicht für Gott sondern für dich!

Lied: 94,4

Gottes Mann fürs Grobe – Michaelis

Stellen Sie sich vor, Sie kommen nach Ihrem (hoffentlich in weiter Ferne liegendem) Ableben vor das Himmelstor und wer steht davor?
Nein, eben nicht der Petrus sondern ein Türsteher, ein Gorilla! Glauben Sie mir nicht? Dann haben Sie keine Ahnung, dass sogar Gott einen Mann fürs Grobe hat! Und der hat sogar einen Tag im kirchlichen Sonntagskreislauf. Welcher Tag ist heute? – Michaelis.
Der Erzengel M. ist Gottes Mann fürs Grobe, so sieht es die Bibel und die alttestamentliche, und auch die kirchliche Tradition.

Die Älteren unter uns erinnern sich vielleicht noch an das Christenlehrebuch „Schild des Glaubens", da gab es ein Bild von der Vertreibung aus dem Paradies: Ein muskulöser Adam stützt seine weinende Eva, beide nackt (was haben wir Jungs uns die Augen ausgeguckt!) und im Hintergrund steht ein Engel mit einem flammenden Schwert. Da hat der Gorilla Gottes seines Amtes gewaltet.

Er war der, der das Rote Meer geteilt hat, der Abraham hinderte, seinen Sohn zu schlachten, er war es, der sich mit Jakob am Jabbok zoffte, kurz: er kam überall zum Einsatz, wo im AT Gott einen Job zu erledigen hatte.
Seine wichtigste Aufgabe, die auch ins NT hinüberreicht, war die Vernichtung des Luzifer, des Drachens, den er in die Hölle schleuderte. Konsequenterweise ist er seitdem für das Paradies zuständig, er bewacht es und führt die Seelen der Verstorbenen dorthin.
Deshalb wird er auch oft mit einer Waage dargestellt, denn er hat die Aufgabe, die Seelen der Verstorbenen vorher zu wiegen (wägen?). In dieser Funktion wird er in der Totenmesse der kath. Kirche heute noch angerufen. Ach ja, musikalisch ist er auch, er wird am jüngsten Tag die Posaune blasen, die die Toten zum Gericht auferstehen lassen soll.

Wie ist das nun, braucht Gott wirklich einen Gorilla? Kann er das nicht alles selbst machen, wo er doch allmächtig ist?
Und wir, brauchen wir so einen Superman, wo wir uns doch auch direkt an Gott wenden können?

Es ist schon kurios: es bezeichnen sich zwar immer mehr Menschen als nicht religiös, trotzdem reden sie vom Schutzengel, wenn sie an einer Katastrophe vorbeigeschrammt sind und bezeichnen einen unerwarteten Helfer als Engel oder die Geliebte. Engel sind populär. Warum? Weil man da was sieht. Gott ist eine abstrakte Größe. Engel dagegen sind was zum Anfassen. Das ist genauso, wie bei einem richtigen Gorilla: wenn der mich nicht in den Club lässt, dann

streite ich mich mit ihm herum und nicht mit dem Clubbesitzer, der die blöden Kleidungsvorschriften erlassen und den Gorilla angestellt hat.
Den Clubbesitzer kenne ich ja nicht, ich seh ihn nicht, der wird sich auch nicht mit mir popeligen Gast befassen, der sitzt sicher irgendwo am Strand seiner Karibikinsel und schlürft seinen Cuba-Liebe.
Es ist so eine Sache mit den Umfragen der Welt: Fragt man sie allgemein, ob sie gläubig sind, sagen die meisten Menschen heute: nein! Fragt man sie aber, ob sie bestimmten Phänomenen eine religiöse Bedeutung einräumen würden, dann wandelt sich das Blatt plötzlich.
Naja, heißt es da, irgendwas muß da schon sein, nein, mit dem Tod ist wohl nicht alles vorbei und, klar gibt es so was wie einen Schutzengel.

Schaut man sich diese Meinungen genau an, dazu den Esoterikmarkt, die Diskussionsrunden im Fernsehen etc., dann stellt man fest: sie Menschen sind heute genauso religiös wie zu allen Zeiten. Denn ohne Religion kann der Mensch nicht leben. Ich erstelle mit den Konfirmanden immer ein Diagramm über die Religionen dieser Welt. Die bekommen da verschiedene Farben. Die Ecke, die weiß bleibt sind die echten, überzeugten Atheisten, ihre Größe liegt so bei 14-16 % der Weltbevölkerung. Diese Zahl bleibt immer gleich, die gab es auch schon bei den alten Griechen und Ägyptern.

Menschen brauchen etwas, das sie verehren können. Das kann eine Fußballmannschaft, eine Popgruppe sein, eine Politikerin oder ein Guru oder eben auch ein strahlender Engel mit blonden Haaren und einer himmlischen Gestalt – aber irgendwo müssen sie hin mit ihren überschüssigen Gedanken, denen,
mit denen sie nicht mit jedem reden können, die sie aber immerwieder beschleicht, wenn sie sich etwas auf der Welt nicht erklären können. Menschen brauchen das. Und das ist der Anfang des Glaubens.

Wir müssen uns da fragen, was wir falsch gemacht haben, dass die Menschen sich von unserem religiösen Gebäude abgewendet haben und wir sie nicht mehr hineinbekommen sondern die lieber auf Zeltplätze ausweichen. Die gibt es überall und da ist man frei: man kann sein Zelt mal da aufschlagen und wenn es einem nicht mehr gefällt, wieder einrollen und weiterziehen. So machen es die Menschen heute nämlich.

Da können wir schon froh sein, wenn sie wenigstens noch den Gorilla vor unserer Tür wahrnehmen und nicht den auch schon übersehen. Deshalb ist der Engel Michael oder wie auch immer er heißt, heute noch ganz wichtig: Er ist einer unserer letzten Drähte zu den Menschen, die sich Atheisten nennen.

Unsere dringende Aufgabe aber ist die: das Etablissement, vor dessen Tür er steht zu renovieren und den Bedürfnissen der religiösen Camper da draußen anzupassen oder ihnen wenigstens Bedingungen zum Zelten zu bieten.

Es gibt Hotels auf dem Lande, die haben gleichzeitig einen Zeltplatz. Wenn wir da zelten, gehen wir auch schon mal in dem Hotel essen. Vielleicht tun die Camper, von denen ich erzähle, das auch mal. Falsch jedenfalls ist es, selbstzufrieden auf sein Haus zu schauen und beleidigt zu sein, dass es immer leerer wird, nicht aber zu sehen, dass die Gäste heute andere Gewohnheiten haben (da steckt das Wort „wohnen" mit drin, haben Sie es gemerkt?).

Und der Türsteher, der muß einladend sein und kein grimmiger Gorilla. Eben nicht der Erzengel mit dem Flammenschwert sondern der Beschützer. Nicht der schaurige Posaunist in der Region der Gräber sondern der strahlende Engel mit den – Flügeln natürlich! Den Flügeln, die zum Willkommen ausgebreitet sind, zum Schutz, zum Streicheln natürlich auch. Flügel, die Geborgenheit bieten, in die man sich flüchten oder kuscheln kann – alles das eben, was die Menschen sich so wünschen.
Seit genau 1200 Jahren verehrt deshalb die Kirche den Engel Michael am heutigen Michaelistag.

Entwaffnet Mt 8,5-13

Als er nach Kapernaum kam, trat zu ihm ein Hauptmann mit einer Bitte. Er sagte: „ Herr, ich habe einen Jungen, der liegt gelähmt zuhause und hat große Schmerzen." Jesus antwortete: „ Ich soll kommen, um ihn zu heilen?" Da antwortete der Hauptmann: „Herr, ich bin nicht würdig, daß du unter mein Dach kommst aber sprich doch ein Wort, dann wird mein Junge gesund. Ich bin ja auch ein Mensch unter einer Herrschaft und ich habe Soldaten unter mir, die gehorchen mir aufs Wort. Sage ich zu einem, er soll gehen, geht er und zum andern, er soll kommen, dann kommt er und wenn mein Knecht etwas tun soll, dann tut er's." Als Jesus das hörte, erstaunte er und sprach zu denen, die um ihn waren: „Wirklich, so einen Glauben habe ich bei noch keinem in Israel gefunden. Ich sage euch: viele werden kommen von Osten und Westen und zusammensitzen mit den Erzvätern im Himmel Aber die Söhne werden hinausgestoßen werden aus dem Reich in die Finsternis, wo Heulen und Zähneklappern ist." Zu dem Hauptmann aber sprach Jesus: „Geh hin, dir geschehe, wie du geglaubt hast." Und zur selben Stunde wurde sein Junge gesund.

Kennen Sie den Unterschied zwischen der Weihnachtsgeschichte, wie sie uns Lukas erzählt und wie sie Matthäus erzählt?
Nun, während bei Lukas von den Hirten die Rede ist und dem Raum in der Herberge fehlt bei ihm jedes Wort über die drei Weisen. Die kommen nur bei Matthäus vor, dafür fehlen bei ihm die Hirten völlig.

Wieso ist das so?
Weil Mt. damit schon am Anfang seines Evangeliums deutlich machen will, daß dieses Evangelium besonders den Heiden gelten soll. Sie stehen im Mittelpunkt seines Interesses.
Mt. macht das deutlich an solchen Geschichten wie dieser: (vorlesen)
Weitverbreitet ist in der Welt der religiöse Nationalismus. Ein Araber ist zwangsläufig ein Moslem. Ein Inder ist automatisch Hindu. Ein Pole ist mit Sicherheit katholisch. Und ein Sachse evangelisch. Das weiß jedes Kind.

Das ist nicht weiter schlimm, auch nicht, daß durchaus die Welt komplizierter ist: die Palästinenser sind zwar Araber aber die erdrückende Mehrheit der Christen in Israel sind Palästinenser.

Nein, das wird erst dann problematisch, wenn aus religiösem Nationalismus religiöse Intoleranz wird. Und das wird sie leider meistens. Der amerikanische Präsidentenberater S. Huntington hat in seinem Buch: Kampf der Zivilisationen die Welt in Blöcke aufgeteilt gesehen, die im letzten Jahrtausend entstanden sind und in diesem blutige Kämpfe um die Weltherrschaft bestritten werden: Neben dem christlich - westlichen ist es der arabisch - moslemische, der russisch - orthodoxe und der chinesisch - buddhistische Block.

Der kluge Politiker hat klar gesagt, daß diese Blöcke nicht friedlich nebeneinander bestehen sondern um die Vorherrschaft kämpfen werden. Deshalb wird dieses Jahrtausend ein Jahrtausend der Kriege sein. Und der Westen muß ein Vorreiter sein, denn er hat jetzt noch seine technische und militärische Vormacht, die muß er einsetzen, um weiter die Welt beherrschen und überleben zu können. Interessantes Buch, ist vor 5 Jahren herausgekommen. Er hat immerhin eines richtig gesehen: wir leben in einer Welt voller religiöser Intoleranz, die sich niederschlägt in Verfolgung, Vertreibung, Krieg und Terrorismus.
Auch Jesus ist in einem religiösem Nationalismus aufgewachsen. Der Hauptmann ist ein Heide, man hat als frommer Jude nicht sein Haus zu betreten. Deshalb auch die erstaunte Frage Jesu: Ich soll kommen und ihn heilen?

Aber da überrascht ihn die Antwort des Centurios, die voller Demut und geradezu kindlich schlichtem Glauben ist: Demut: Ich bin nicht würdig - er, der eine glänzende Uniform anhat, der eine stolze Truppe befehligt. Und schlichter Glaube: bei mir funktioniert´s doch auch: wenn ich was sage, passiert´s. Wieso also soll das bei dir nicht gehen, da du doch ein Mann Gottes bist.

Entwaffnet steht Jesus da. Und ihm wird eines deutlich, was ihm im Verlauf seiner Wirkungszeit zunehmend klar wird: das sind keine Heiden oder Ungläubigen, die da durch die Welt laufen, nein, das sind durchaus fromme Menschen: gläubig und demütig. Und so öffnet sich Jesus den Heiden.

Der Vorteil liegt auf der Hand, wenn man es versteht, religiösen Nationalismus und Intoleranz zu überwinden: einer der wichtigsten Gründe ist weg, Kriege zu führen. Man könnte unbeschwert durch die Welt reisen ohne befürchten zu müssen, von einem Fanatiker angegriffen zu werden. Der Sumpf des Terrorismus würde austrocknen.

Aber können wir diese religiöse Intoleranz überwinden? Können wir den Glauben unseres Nächsten achten lernen? Können wir tolerieren, wenn Andersgläubige unter uns ihren Glauben leben wollen? Das ist nicht einfach. Das merken wir schon in unserem Ort, wo es so viele versch. relig. Verein. gibt. Da sind die Abgrenzungsbemühungen voneinander mitunter stärker und ehrlicher als die Allianzbemühungen.

Aber genau das müssen wir überwinden. Jesus hat diesen Schritt auch getan als er merkte, daß die Heiden auch Menschen sind und ebenso ernsthaft Gott suchen. Wie dieser Hauptmann. Auch er überwindet ja seinen Stolz: er, der Römer soll zu einem Juden gehen? Er, der Offizier, soll einen Landstreicher um Hilfe bitten. Wie kommt er dazu?

Weil er eingesehen hat, daß er mit seiner Befehlsgewalt hier nicht weiter kommt. Weil er einfach glaubt , daß Jesus das kann. Er ist kein Christ. Er ist Heide, vermutlich betet er zuhause zu Jupiter und Venus. Aber in seiner Frömmigkeit verbindet er sich mit den frommen Juden, den frommen Menschen allgemein. Denn es gibt einen Grundstrom, der alle Religionen verbindet: das ist die Frömmigkeit. Da ist es egal, wie die Religion heißt. Da zählt allein der Glaube.

Wenn wir dahin fänden, könnten wir tatsächlich tolerant sein.
Lied 419,2

Gier Jak 1,12-18

Glücklich der Mann, der in der Prüfung geduldig ist, denn nach der Prüfung wird er die Krone des Lebens empfangen, die denen verheißen ist, die ihn lieben. Allerdings sage keiner, der eine Prüfung durchgemacht hat, er habe sie von Gott auferlegt bekommen. Gott nämlich ist unberührt vom Schlechten, er selbst legt niemandem eine Prüfung auf. Jeder wird vielmehr von seinen eigenen Begierden versucht, herausgelockt und hervorgezerrt. Wenn nämlich die Gier erst einmal geweckt ist, gebärt sie die Sünde und die vollendete Sünde gebärt den Tod. Täuscht euch nicht, liebe Brüder! Alle guten Gaben und jedes vollkommene Geschenk ist von oben gegeben, vom Vater der Sterne. Bei ihm gibt es auch nicht den Schatten einer Meinungsänderung oder Kehrtwende. Weil er es wollte, hat er uns geboren durch das Wort der Wahrheit, damit wir die ersten seiner Geschöpfe sind.

Mahatma Gandhi sagte einmal: die Erde hat genug Güter für jedermanns Bedarf. Sie hat aber nicht genug für jedermanns Begier.
In diesem Predigttext wird die Gier angesprochen, als Anfang (fast) aller Sünde. In der Tat zählte Gier im Mittelalter zu den 7 Todsünden.
Gier ist eine ureigene menschliche Eigenschaft neben Neid, Eifersucht oder Egoismus. Das Gegenteil ist eine der 7 Kardinaltugenden: das Maßhalten.

Gier ist in jedem von uns angelegt, sie ist nur unterschiedlich stark ausgeprägt. Entsprechend schwer ist es, sie zu beherrschen, es erfordert tatsächlich Selbst-Beherrschung, denn keiner kann eines anderen Gier bezwingen, nur gewaltsam beschränken, was aber bekanntlich nicht von Dauer ist: irgendwann bricht sich die Gier Bahn, wenn sie nicht durch Selbstbeherrschung in Zaum gehalten werden können.

Das ist aber in unserer heutigen Zeit ein schweres Unterfangen. In der DDR, als alle wenig hatten, war das noch leichter. Heute, wo fast alles möglich und alles zu haben ist, brechen sich auch die schlechten Charaktereigenschaften wieder Bahn, ich erinnere nur an den Werbespruch: Geiz ist geil.
Der Beispiele sind Legion: Manager, die ihr Unternehmen erst gegen die Wand fahren, sich dann aber mit 2stelligen Millionenbeträgen abfinden lassen, die rücksichtslose Ausbeutung der Natur beim Fracking, ohne an die Gesundheit der Menschen zu denken, oder das Gerangel um den Mindestlohn. Es geht darum, sich zu bereichern, egal wie und auf welches Mitmenschens Kosten. Im Hintergrund steht immer dieses kleine Wort mit 4 Buchstaben: Gier

Martin Luther war ein Mensch mit der begnadeten Eigenschaft, treffende Aussagen in kurzen, kräftigen Worten zu formulieren. Eine möchte ich hier zur These meiner Predigt machen: Laß fahren dahin, sie habens kein Gewinn.
Das bedeutet: Laßt uns nicht mitmachen bei dem Rennen und Hasten, bei den Kämpfen und Treten, um schneller als der andere an etwas zu kommen, was scheinbar unverzichtbar ist - denn: ist es wirklich ein Gewinn?
Aber warum sollten wir da nicht mitmachen, sollten auf etwas verzichten, was wir doch auch so gerne hätten, worauf sich unsere Gier (ja, gestehen wir es uns ruhig ein!) gerichtet hat, warum?

Weil die Gier, erstens, ein Magen ist, der nie das Hungergefühl verliert, je mehr man ihm gibt. Das treibt in die Sucht und letztlich, wenn nicht in den Untergang, so doch auf jeden Fall nicht in Zufriedenheit. Es gibt kaum jemanden, der zufrieden wäre, gerade bei den Reichen und Schönen.

Und zweitens, weil das Freudengefühl, wenn man seine Gier einmal bezwungen hat, jeden scheinbaren Verlust ersetzen und überbieten kann. Sie kennen sicher alle das Gefühl, wenn man einen Sieg über sich selbst errungen hat: Stolz, eine Hebung des Selbstwertgefühls, Selbstsicherheit und auch oft genug die Achtung und Bewunderung von Mitmenschen. Es ist einfach ein gutes Gefühl, auch einmal verzichtet zu haben. Es ist: befreiend!

Die Menschheit neigt ja dazu, das, was immer möglich ist, auch zu tun. Ohne Rücksicht. Das Mittelalter hat dafür die 7 Todsünden benannt. Damit jeder weiß, was eben nicht geht. Denn eigentlich weiß jeder, was schlechte Charaktereigenschaften sind, das sagt uns normalerweise unser Gewissen.

Deshalb gibt es kaum ein besseres Gefühl als ein gutes Gewissen. Und wer das einmal erlebt hat, der tut es immer wieder. Gutmenschen nennt man diese Leute. Das Millionärsehepaar, das seine Millionen nicht in eine Jacht steckt sondern in ein Hilfsprojekt in Afrika, der reiche Sohn eines Kunsthändlers, der nicht mit dem Geld spekuliert, um noch mehr draus zu machen sondern es in eine Stiftung für krebskranke Kinder steckt. Es gibt solche Menschen!

Die Gier schwächt sich ab, je zufriedener ein Mensch ist, das sehen Sie an den Menschen auf dem Land oder in ärmeren Weltgegenden.
Wir Christen haben es genauso leicht. Denn wir haben, was wir brauchen. Wir müssen uns nicht abstrampeln.

Wir haben all das Ansehen und die Wertschätzung durch Gott und in der Gemeinde. Wir wissen, daß wir versorgt sind. Wir haben ein Ziel vor Augen, einen Sinn im Leben. Wir wissen, daß diese Dinge viel wichtiger sind als alles

Geld und Gut. Und das heißt: Gier ist unnötig, und wer sie hinter sich lassen kann, der macht einen großen Schritt: für sich und hin zu Gott.

Denn die Gier ist, so schreibt es der Jakobusbrief uns hinter die Ohren, der Anfang aller Sünde.

Lied: 353,4

Gottesvorstellungen Jes 40, 12-25

Jörg Zink zitiert in einem Buch eine brisante Aussage eines Theologen auf die Frage hin, ob es Gott gebe. Er sagte: „Den Gott, den es gibt, gibt es nicht." Eine überraschende, eine spannende Antwort. Eine Antwort, auf die sehr fromme Menschen vielleicht mit Befremden reagieren. Natürlich gibt es Gott! Wie kann ein Theologe behaupten, es gäbe ihn nicht?

Nun, die Frage ist auch für mich immer wieder spannend, vor allem, wenn ich mit Jugendlichen zusammen bin. Mich interessiert immer brennend, wie sie sich Gott vorstellen. Und gerade jetzt hatte ich eine interessante Relistunde zu dem Thema. Ich hatte provokative Fragen gestellt, wie sie sich Gott vorstellen. Ob er ein Mann sei oder eine Frau oder ein Tier oder sonst was.
Die Kids waren clever. Sie fielen nicht darauf herein. Sie lehnten alle meine Vorgaben ab. Am ehesten könnte man Gott als ein Wesen bezeichnen, meinten sie. Allerdings waren sie auch mit dieser Beschreibung nicht ganz glücklich.

In einer Kirche, die ich zu renovieren hatte, prangte an der Decke das Bild eines bärtigen, weißhaarigen Mannes, der aus Wolken herabblickte auf die Gottesdienstbesucher. Sieht so Gott aus?

Die Bibel geht sehr zurückhaltend mit Beschreibungen Gottes um. Und sie hat gute Gründe dafür. Denn niemand hat Gott je gesehen. Und wie soll man jemanden beschreiben, der jenseits aller unserer Vergleiche, unserer Vorstellungen, unserer Dimensionen ist? Wir hätten dafür ja nur unsere menschliche Sprache, entstanden in Jahrhunderttausenden aus unartikulierten Lauten.
Der Prophet macht schon seine Aussagen, aber es sind negative: Er zählt auf, was Gott alles nicht ist, womit man ihn nicht beschreiben kann, worauf man ihn nicht festlegen kann. Und das ist auch das einzige, das uns Menschen möglich ist.
Wenn Gott über allem steht, was ist, womit soll man ihn dann vergleichen?

Es gibt Tiere und Menschen. Es gibt Länder und Meere. Es gibt Sterne und Planeten. Das wissen wir. Es gibt sie überhaupt nur deshalb, weil wir das alles wissen. Was aber wissen wir von Gott? Das ist es, was der Theologe meint: weil wir nichts über Gott wissen, können wir nicht einfach sagen, es gäbe ihn. Das würde Gott nie und nimmer gerecht. Das bliebe immer nur menschliches Stückwerk.

Ein Maler ist Herr über seine Bilder. Er kann sie so malen, wie er sie sehen will. Andere sehen darin aber gar nichts oder etwas völlig anderes. Nur wenn das Bild leer bleibt, bleibt für jeden Betrachter die Möglichkeit, es mit seiner eigenen Phantasie zu füllen. Und das Bild Gottes, das da in seinem Inneren entsteht, das „gibt" es dann. Allerdings nur für ihn. Ein anderer hat ein ganz anderes.

Als gescheite und gläubige Menschen ist es Gottes Anspruch an uns, es auszuhalten, dass wir ihn nicht sehen können. Daß wir uns selber Gedanken machen, wie wir ihn sehen. Daß wir dafür sorgen, dass es ihn für uns gibt! Ein anderer kann uns bestenfalls sein Bild von Gott vermitteln, so wie dieser Künstler in der kleinen erzgebirgischen Kirche. Er kann aber nicht verlangen, dass ich dieses Bild übernehme. Er kann mir allenfalls Anregungen geben. Aber ein Bild von Gott muß ich mir dann selber machen, eins, das für mich stimmt und an das ich glauben kann.

Es spricht weder für viel Tiefgang noch einen festen Glauben und schon garnicht für große Menschenliebe, wenn Menschen auf dieser Welt ihr Gottesbild anderen aufzwingen wollen. Und der Predigttext zeigt uns: seit den Tagen Jesajas haben die Menschen offenbar nichts gelernt. Der Prophet war damals schon weit über den religiösen Fanatismus unserer Tage hinaus. All die Islamisten, die Fundamentalisten und Fanatisten täten gut daran, mal wieder das Alte Testament zu lesen. Der Welt, in der wir leben, ginge es dann viel besser. Der Friede Gottes …

Lied 392,5

Steckdose Joh 4, 19-26

Sie kennen alle den Spruch: „Schuster, bleib bei deinen Leisten". Das heißt, man sollte bei dem bleiben, was man am besten kann, da ist man sicher, da weiß man, was man tut.
Und wenn man in einem Gespräch einen Konsens erzielen will, wenn etwas konstruktives herauskommen soll, dann sollte man eine gemeinsame Sprache finden.
Z. B. in einem Baugespräch ist es hilfreich, wenn ich, auch als Nichtfachmann, mir Begriffe aus der Bausprache aneigne. Wissen Sie, was eine Leibung ist?
Oder nehmen Sie den Bergbau, der ja auch eine eigene Sprache entwickelt hat: wenn Sie im Erzgebirge jemanden mit „Glückauf" begrüßen, dann schafft das gleich viel mehr Nähe als ein „Guten Tag" Oder in Bayern: Grüß Gott.
Wenn man eine gemeinsame Sprache findet, dann geht die Verständigung, das Verständnis viel schneller weil eine Vertrautheit entsteht. Es passt.
Wenn ein Stecker in eine Steckdose passt, dann kann der Strom fließen.

Das ist im Glauben nicht anders. Da passt oft manches nicht zusammen, weil man einander nicht verstehen kann oder will. Soll aber ein Verständnis entstehen, dann müssen alle ein bestimmtes Medium einhalten. Und mit diesem Medium ist hier im Predigttext der Geist gemeint: *(Text vorlesen)*

Hier treffen zwei verschiedene Glaubensrichtungen aufeinander. Die Frau aus Samaria gehört zu einer Volksgruppe, die von den Juden verachtet wurde, weil sie andere Glaubensvorstellungen hatte als diese. Die Samaritaner haben sich aus dem Rest des jüdischen Volkes entwickelt, der bei der Verschleppung der Juden nach Babylon im Lande gelassen wurde. Und dort, im fernen Babylon haben die Heimatvertriebenen zu dem Glauben gefunden, dass dereinst ein Messias käme, der sie erlösen würde aus der Knechtschaft.

Als sie dann ein Menschenleben später in ihre alte Heimat zurückkehrten, mussten sie feststellen, dass sie sich mit den Dageblieben auseinandergelebt hatten. Sie sprachen zwar noch die gleiche Sprache aber aus einem unterschiedlichen Geist heraus.
Wir können zwar die Bergbausprache verstehen, aber manche Begriffe werden da eben anders gebraucht als wir es gewohnt sind. Oder wussten Sie, dass das Wort Gewerkschaft auf das Werkzeug des Bergmannes zurückgeht, auf sein „Gewerk"?

So kommt es, wenn man nicht die gleiche Sprache spricht bzw. dem gleichen Medium folgt, zu Missverständnissen. In der Kirche ist das häufig zu beobachten: ein Pietist fühlt sich in einer Lobpreisveranstaltung nicht wohl, ein

Intellektueller im evangelikalen Gottesdienst fehl am Platze und ein Mystiker im Wortgottesdienst.
Das geschieht, wenn nicht das gleiche Medium verwendet wird, wenn der Stecker nicht in die Steckdose passt: es kann kein Strom fließen und die Lampe bleibt dunkel.
Und das heißt: jeder findet dort am schnellsten zu Gott, wo er sich aufgehoben weiß, wo der Geist die Einigkeit schafft, so dass er sich wohl fühlt.

Für unseren Gottesdienst heißt das zweierlei: er muß in einer Atmosphäre stattfinden, wo möglichst der Strom gut fließen kann und: die Gläubigen müssen sich bemühen, nicht auf dem Kabel zu stehen, also mit zu überzogenen Ansprüchen aufzutreten oder andere Besucher zu verachten. Der Geist, der uns verbinden soll, muß auch die Chance haben, uns verbinden zu können und das geht nicht, wenn der Wille der Christen fehlt.

Wir Menschen sind ja alle verschieden und jeder meint heutzutage, seine Anschauungen seien die einzig richtigen. Wenn man so denkt, dann verwendet man eine unterschiedliche Sprache, dann verlässt man das gemeinsame Medium und dann entstehen Irritationen und Meinungsverschiedenheiten.

Im Umgang miteinander haben wir Menschen Höflichkeitsformeln entwickelt. So kann man Unterschiede in der Mentalität, in der Kultur und der Herkunft überdecken und einander verstehen. Unter Gläubigen ist das besonders wichtig, da wir ja alle Brüder und Schwestern sind. Und Gott hat uns dafür seinen Geist gegeben. Diesem Geist können wir uns nur dann würdig erweisen, wenn wir einander in Liebe, Wertschätzung und Vergebung begegnen.

Und was für uns Menschen, für uns Gläubige gilt, das gilt für unser Verhältnis zu Gott erst recht: der Geist bewirkt, dass der Strom fließen kann. Gott hat uns den Stecker und die Steckdose gegeben. Wir sind der Stecker und Jesus die Steckdose. Wenn die zusammenpassen kann der Strom, der Geist Gottes nämlich, fließen.
Es ist aber auch unsere Aufgabe, nicht auf dem Kabel zu stehen oder den Stecker zu verändern, sodaß er am Ende nicht mehr in die Dose passt.

Lied: 251,1

Erfüllung Joh 6,47-51

Warum macht ein Besuch im Fastfoodrestaurant nicht satt? Warum hört man vor dem Fernseher mit dem Naschen an der Chipstüte nicht auf?
Weil diese Speisen zwar gut schmecken, aber nicht satt machen. Man stopft zwar etwas in sich hinein, aber der Körper will mehr, weil er vom Kopf nicht das Signal bekommt: jetzt bist du satt!

Jeder, der schon mal versucht hat, abzunehmen, weiß: wahre Sättigung findet im Kopf statt, nicht im Magen. Deshalb gibt es ja auch den berüchtigten Jojo-effekt: Mit der Diät wurde zwar das Gewicht reduziert, der Kopf bleibt aber bei dem, woran er sich gewöhnt hat: ich will mehr! Und nach der beachtlichen Leistung der Diät kann ich mich mal richtig belohnen. – Nein, auch das Abnehmen ist weniger eine Sache der Nahrung, vielmehr eine des Kopfes.
Jesus spricht das Verhältnis zwischen Oberflächlichkeit und Erfüllung an. Fastfood ist Oberflächlichkeit. Erfüllung ist etwas anderes.

Ich stelle mir einen Menschen vor, der erfüllt ist, also rundum zufrieden. Alles im Leben im grünen Bereich: er ist abgeklärt und selbstsicher, er ruht in sich. So kann er Eigenschaften aufbringen, die nicht so selbstverständlich für Menschen sind: abgeklärte Menschen können sozial sein, hilfsbereit, nachsichtig, tolerant. Sie können teilen, sind nicht neidisch oder missgünstig – weil sie es nicht brauchen. Sie haben alles, was sie brauchen.
Das muß nicht materiellen oder finanziellen Überfluß bedeuten. Erfüllung ist auch eine Sache des Kopfes.

Wie wird man so? Nun, die wenigsten werden so geboren. Erziehung ist ein Weg dorthin. Wer in einem behüteten Elternhaus aufgewachsen ist, wer sich immer wertgeschätzt gefühlt hat und deshalb ein gesundes Selbstbewusstsein aufbauen konnte, der hat die besten Voraussetzungen dafür.
Einzelkinder, sagt man, fiele es schwer zu teilen. Ich bin kein Einzelkind und ich hab auch nicht nur eins aber das teilen fällt auch unseren Kindern schwer. Außer der jüngsten, die hat gelernt, dass immer genug da ist für alle. Neid und Missgunst sind ihr fremd.

Aber die wirkliche Erfüllung entsteht meistens erst später.
Erfüllte Menschen sind meistens auch religiös – haben erkannt, was zur Erfüllung gehört: nämlich d. Wissen um d. Vergänglichkeit d. eig. Lebens, der Menschen, der Welt – wer das weiß, der lernt, sich selbst nicht mehr so wichtig zu nehmen.
Wer sich selbst nicht …, der bekommt den Blick frei, nach oben zu schauen: nämlich die Erkenntnis Gottes zu suchen.

Und das bringt die wahre Erfüllung: viele M. werden erst im Alter (wieder) religiös: wenn Weisheit und Erfahrung das Leben angereichert und auf eine neue Stufe gehoben haben.
Eine Sättigung, die im Kopf stattgefunden hat.

Was ist der Lohn dafür? Jesus verheißt ein Leben in Ewigkeit: was das genau heißt, das kann ich Ihnen nicht sagen aber wir haben auf der Erde die Bestätigung von Jesu Worten: solche Menschen vergisst man nicht, sie sind gute Beispiele und
selbst im Alter noch verehrt – weil sie immer ein gutes Wort, einen klugen Gedanken haben, von dem man profitiert.

Der Glaube bietet uns eine Hilfe an, so ein abgeklärter Mensch zu werden. Es ist das Wissen eines Gläubigen, dass er aufgehoben ist. Und das in einem dreifachen Sinne: aufgehoben, also nicht liegengelassen. Gott hat mich zu sich genommen. Aufgehoben sodann im Sinne von: bewahrt. Ich weiß, wo ich hingehöre. Und schließlich im Sinne des Lohnes, den Jesus uns verheißt: aufgehoben in den Himmel.
Menschen, die den Glauben für sich entdeckt haben, fühlen sich aufgehoben. Und das gibt ihnen Sicherheit im Leben. Das gibt ihnen Zuversicht. Das bewahrt sie vor Versagensängsten. Psychologen bescheinigen gläubigen Menschen eine stärkere Psyche und größere Zufriedenheit. Sie sind beziehungsfähiger und widerstandsfähiger – z. B. gegen Suchtkrankheiten.

Und durch die Rituale in der Kirche, durch die Symbole, durch die Beschäftigung mit der Bibel, mit religiösen Fragen wie ... sind gläubige Menschen sprachfähiger und tiefsinniger.
Das alles, X, ist Erfüllung. Das ist kein Fastfood! Das ist das Brot, das nahrhafte, das vom Himmel gekommene, das ewige Brot. Wer das hat, der sieht dem Ziel entgegen, das Jesus uns verheißt: dem Himmelreich, dem Paradies, dem ewigen Leben oder wie immer wir den Zustand nennen wollen, den Zustand der letzten Erfüllung, des absoluten Aufgehobenseins, der tiefsten Freude.

Wir feiern heute eine Taufe im Gd. Ein kleines Kind wird auf den Weg gebracht, den Weg des Glaubens, zu Gott. Ich denke, das wäre ein guter Wunsch für die Eltern, die Schwester und die kleine Helene: ein erfüllter Mensch zu werden, sich aufgehoben zu fühlen und die Gewissheit zu erlangen: ich bin ein Kind Gottes.

Kirchweih 2013 Die Kirche im Dorf lassen

Stellen Sie sich vor, es gäbe im Ort keine Kirche! Können Sie das überhaupt? Eine Stadt, ein Dorf ohne Kirche! Sie fahren durch unser schönes Land, erblicken eins der runden Dörfer mit den roten Dächern und den Blumen an den Fenstern und es fehlt der Kirchturm!

Im Kommunismus hatte man so was geplant. In Leipzig-Grünau wurde ein Neubaugebiet errichtet ohne Kirche – später mussten sie sich geschlagen geben und den Bau einer kath. und einer ev. Kirche genehmigen. Oder die Sprengung der Universitätskirche in der Innenstadt: bis heute haben die Leipziger das nicht verwunden.

Ein Ort ohne Kirche ist für uns eine absurde Vorstellung, sogar für sog. „Kirchenferne". Aber warum? Warum können M. nicht auf ein (religiöses) Zentrum in ihrer Mitte verzichten?
Nun, ein Zentrum ist ein Fluchtpunkt, ein Ausgangspunkt und ein Treffpunkt. Der Mensch ist ja ein Herdentier. Fehlt einer Herde der Leithammel, brechen sofort Machtkämpfe aus und die Herde bricht auseinander. Das können Sie in Syrien derzeit gut beobachten. Ein Bienenschwarm löst sich auf, wenn die Königin getötet wird.

Die Kirche steht meist im Zentrum des Ortes. Sie ist ein Ausgangspunkt: hier beginnt das Leben, hier werden die Kinder getauft, hier erhält man im Kigo seine erste Orientierung und an diesen Ort erinnert man sich sein Leben lang. Fremde Kirchen werden nie dieselben Gefühle wie die Heimatkirche in einem auslösen.
Die Kirche ist auch ein Fluchtpunkt. Denken Sie an die Wehrkirchen oder die Kirchenburgen in Siebenbürgen: Hierher flüchteten die Menschen in Kriegsgefahr, mit Sack und Pack, mit den Frauen und den Kindern in der Mitte und den Männern auf den Mauern, um das Dorf, zumindest seine Bewohner, zu verteidigen. In Kirchen gab und gibt es bis heute das Asyl, wer sich hierher flüchtet, ist vor dem Zugriff weltlicher Kräfte ersteinmal geschützt.

Und die Kirche ist ein Treffpunkt. In Freud und Leid kommen hier die Menschen zusammen. Sie lachen und weinen, sie beten und feiern. Hier trifft man Menschen, die schon lange nicht mehr im Ort leben. Sie kommen immer mal wieder zurück und erwarten dann, ihre Kirche unversehrt vorzufinden. In Bösenbrunn saß vor ein paar Wochen ein Ehepaar im Gd., das die Besucher zunächst nicht kannte. Die Frau erklärte dann, in dieser Kirche sei sie getauft worden und dann ließ sie sich von ihrem Mann neben dem Taufstein noch fotografieren.

Denn die Kirche ist auch das Archiv und das Gewissen eines Ortes. Hier ist Geschichte Stein geworden, hier werden Geschehnisse im Ort festgehalten und weitergegeben. In manchen Orten hängte man in Kriegszeiten in der Kirche Kränze der gefallenen Einwohner auf. Wenn man eine Kirche renoviert, tauchen verschollene Grabsteine aus uralten Zeiten auf, zugemauerte und verputzte Eingänge zeigen, wie die Kirche früher ausgesehen hat, wie man sie geplant hatte und weshalb man das irgendwann geändert hat. Selbst die eingeritzten Namen der Konfirmanden (die Kriebeln!) erzählen Geschichte.

Die Kirche ist ein Kraftzentrum im Ort, von ihr gehen unsichtbare Strahlen aus, die die Menschen erwärmen und trösten, anschieben und leiten. Selbst die, die schon lange nicht mehr hineingehen. Sie können das in Triebel oder in Wiedersberg verfolgen. Auch so schafft die Kirche immer neue Koalitionen, neue Aktivitäten weil sie Ziele setzt. Eine Renovierung bringt immer ein erwachendes Selbstbewusstsein hervor, einen neuen Stolz der Einwohner und sogar, wenn auch nur zeitlich, einen besseren Gottesdienstbesuch.

All dies würde fehlen, wenn es die Kirche im Dorf nicht gäbe. Das wissen die Menschen und deshalb gehört die Kirche ins Dorf. Das ist der Normalfall. Daraus hat sich das Wort entwickelt, die Kirche im Dorf zu lassen. Das heißt: Komm mal auf den Boden zurück! Hör mal auf, Luftschlösser zu bauen!

Nun werden einige fragen, warum, wenn das alles so ist, warum denn dann immer weniger hineingehen. Gute Frage! Aber schauen Sie doch mal auf sich selbst: Sie haben irgendwo in Ihrem Haus gut aufgeräumt ihre Familienschätze: Das Familienbuch, die Ahnentafel, wertvolle Fotos oder den Goldring der Uroma. Das sind Dinge, die Sie auf keinen Fall missen möchten weil sie Ihre Geschichte bewahren und Ihnen eine Identität geben. Aber wann haben Sie die das letzte Mal hervorgeholt und angeschaut?
Sie wissen, dass sie da sind und das genügt Ihnen. Sie brauchen sich ihrer nicht immer wieder zu versichern.

Vielen geht es mit der Kirche genauso. Missen würden sie die auf keinen Fall. Aber sie wollen sich ihrer auch nicht immer aufs neue versichern.
Das ist tragisch für uns Pfarrer und traurig für die Kerngemeinde. Natürlich wünscht man sich jeden Sonntag eine volle Kirche. Aber die Menschen sind eben so und so muß man sie auch lassen. Wenn Gott will, wird er seine Kirche auch wieder füllen. Zur Wende, im Kriege, bei Naturkatastrophen war und ist das auch so. Jetzt aber sind bessere Zeiten und darüber können wir froh sein, auch, wenn wir sie mit einem geringeren Gottesdienstbesuch bezahlen müssen.

Seien wir doch froh und dankbar, dass unsere Kirche noch im Dorf steht. Ihre unsichtbaren Strahlen sendet sie trotzdem aus. Sie ist wichtig auch für die Menschen, die sie nur noch von außen sehen. Und wenn sie dann doch mal zurückkommen, bei einer Familienfeier, der Jubelkonfirmation oder auch, um sie mal auszubessern, dann tut die Kirche trotzdem etwas für ihr Seelenheil.

Prioritäten Lk 14, 16 – 24

Er aber sprach zu ihm: Es war ein Mensch, der machte ein großes Abendmahl und lud viele dazu ein.
Und er sandte seinen Knecht aus zur Stunde des Abendmahls, den Geladenen zu sagen: Kommt, denn es ist alles bereit! Und sie fingen an alle nacheinander, sich zu entschuldigen. Der erste sprach zu ihm: Ich habe einen Acker gekauft und muß hinausgehen und ihn besehen; ich bitte dich, entschuldige mich. Und der zweite sprach: Ich habe fünf Gespanne Ochsen gekauft, und ich gehe jetzt hin, sie zu besehen; ich bitte dich, entschuldige mich. Und der dritte sprach: Ich habe eine Frau genommen; darum kann ich nicht kommen.
Und der Knecht kam zurück und sagte das seinem Herrn. Da wurde der Hausherr zornig und sprach zu seinem Knecht: Geh schnell hinaus auf die Straßen und Gassen der Stadt und führe die Armen, Verkrüppelten, Blinden und Lahmen herein. Und der Knecht sprach: Herr, es ist geschehen, was du befohlen hast; es ist aber noch Raum da. Und der Herr sprach zu dem Knecht: Geh hinaus auf die Landstraßen und an die Zäune und nötige sie hereinzukommen, daß mein Haus voll werde.
Denn ich sage euch, daß keiner der Männer, die eingeladen waren, mein Abendmahl schmecken wird.

Was unterscheidet einen Westeuropäer und einen Teebauern aus dem Königreich Bhutan?
Richtig, das kann man garnicht alles aufzählen. Aber ich möchte einen Unterschied herausheben, auf den man vielleicht nicht gleich kommt: Ein Westeuropäer oder Amerikaner hat die Möglichkeit, Prioritäten zu setzen. Er kann zwischen so vielem wählen, was er in seinem Leben tun könnte, dass er Prioritäten setzen muß. Der Tagesablauf des Teebauern in Bhutan beschränkt sich dagegen auf die Arbeit und die Sorge darum, dass die Familie genug zu essen hat. Viel mehr gibt es da nicht und damit eben auch keine Notwendigkeit, Prioritäten zu setzen.

Nun könnten wir uns glücklich schätzen, dass wir eben so viel mehr Möglichkeiten haben. Aber haben wir deshalb ein besseres Leben? Fragt man nach der Lebensqualität, dann stellt man überrascht fest, dass der Teebauer mit seinem Leben durchaus nicht unzufrieden ist. Er lebt zwar anders aber nicht schlechter. Denn bei uns könnte man die Sache mit den Prioritäten auch anders ausdrücken: wer die Wahl hat, hat die Qual.

Die Menschen, von denen Jesus in dem Gleichnis redet, sind genau so unterschiedlich: die einen haben die Möglichkeit, Prioritäten zu setzen, die anderen haben sie aber nicht. Die Einladung bildet für die Einen eine weitere

Möglichkeit der Lebensgestaltung, deren Priorität sie nun einschätzen müssen. Für die Anderen ist es eine überraschende, im Sinne des Gleichnisses auch erfreuliche Abwechslung.

Es ist die Situation der Kirche, die Jesus da beschreibt. Das Haus bleibt trotz der Einladung leer weil die Eingeladenen ihre Prioritäten getroffen haben. Wenn ich mir ein Auto gekauft habe oder geheiratet oder eine neue Arbeit in Aussicht, dann geht das natürlich erstmal vor. Hochzeitsfeiern gibt's viele.

Was muß der Hausherr nun tun, um das Haus dennoch voll zu bekommen? Nun, eine Grundvoraussetzung dafür ist, es erstmal überhaupt zu öffnen. Eben nicht nur für die mit den Prioritäten sondern für alle. Dabei fallen mir Diskussionen ein, ob man nicht, wie in den Kath. Gegenden üblich, die Kirche tagsüber öffnen solle. Wo Kirchenvorstände wählen müssen zwischen Argumenten wie: wer schützt dann die Kunstgegenstände in der Kirche? Wie kann man dann Vandalismus verhindern? Wer soll sich in die Kirche setzen und sie bewachen? Und: Mein Haus soll ein Bethaus sein, offen für alle – wie es an der Nikolaikirche in Leipzig steht.

Die Kirche hat eben auch die Möglichkeit, Prioritäten zu setzen. Für wen öffnet sie sich?
Denn die einen könnten kommen, wollen es aber nicht. Viele andere aber wollten es vielleicht schon, können aber nicht. Wenn wir die Menschen erreichen wollen, müssen wir sie einladen, sagt das Gleichnis. Vor allem die, die draußen sind. Wir leben allerdings in einer Welt, wo so gut wie alle die Möglichkeit haben, Prioritäten setzen zu können und die Kirche eben nicht die erste hat.

Wir müssen deshalb mehr tun, so, wie mit dem, was wir heute tun: Gottesdienst zu feiern auf dem Marktplatz, mitten unter Verkaufsständen, Imbissbuden und Lautsprechermusik. Wir haben einen kostbaren Schatz, wir, die wir von einem Gott wissen, der unser Leben erhält, erhellt und mit Sinn füllt. Der könnte auch für andere wertvoll werden, die vielleicht noch garnicht wissen, dass es ihn gibt oder dass sie ihn auch bekommen können. Aber dazu müssen wir ihn ihnen zeigen. Das sollte für Christen eine Priorität sein.

Dann eröffnen wir auch anderen eine weitere Möglichkeit, Prioritäten zu setzen. Dann haben sie es selbst in der Hand, das Haus, das Fest zu besuchen und seine Vorzüge für sich selbst zu entdecken.
Wichtig ist allerdings auch, dass auch wir, die ursprünglich Geladenen, über unsere Prioritäten im Leben nachdenken, damit wir uns nicht auch unter denen wieder finden, die ihre Zeit für Wichtigeres brauchen. Wir geben ein Bild in der

Welt ab und gerade dann wird es sichtbar, wenn wir uns als Christen in der Öffentlichkeit z. B. eines Stadtfestes zeigen. Sehen wir zu, dass es ein sympathisches, ein freundliches und ein ehrliches ist. So sind dann wir die Diener, die der Hausherr aussendet und die die Welt einladen.

Alte Zöpfe Mk 2,23-28

In einer altehrwürdigen Universitätsstadt in England erschien vor einigen Jahren ein Student zur Prüfung und verlangte, bevor die Prüfung losgehen sollte, ein Pint Bier. Er erklärte den verblüfften Professoren, dass laut Statut der Universität von 1653 einem jeden Prüfling vor der Prüfung eine Kanne Bier gereicht werden sollte. Die Prüfung wurde verschoben und dem Studenten das gewünschte Bier geholt.
Nach der Prüfung erklärten die Professoren, die in der Wartezeit die Statuten gewälzt hatten, dass er zwar bestanden hätte, die Prüfung aber ungültig sei, da er, ebenfalls laut Gesetz, mit umgeschnallten Degen hätte erscheinen müssen.

In Texas steht im Gesetz, dass es verboten ist, mit dem Pferd in den Saloon zu reiten.

Solche Absurditäten finden sich heute in fast allen Ländern. Gesetze, die auf nichts mehr passen aber nie rausgeschmissen wurden. Man könnte auch sagen: alte Zöpfe, die nie jemand abgeschnitten hat.

S war alle meitog su – so sagen die Leute, wenn man mal fragt, warum es solche alten Zöpfe überhaupt noch gibt.
Wenn man mal eine neue Idee einbringt, wenn man mal etwas infrage stellt, wenn man vorsichtig alte Strukturen mal versucht aufzuweichen, regt sich oft reflexartig Widerstand und wenn man dann fragt, warum: S war alle meitog su

Vermutlich haben es die Pharisäer Jesus genauso begründet. Oder sie waren politisch korrekt und haben gesagt: Weil es geschrieben steht.
Weil es geschrieben steht, ist es so und darf nicht geändert werden. Weils alle meitog esu war muß es auch so bleiben.

Jesus findet eine einfache aber geniale Antwort: Das Gesetz ist für den Menschen da, nicht der Mensch für das Gesetz. Das heißt: wenn etwas den M. nichts mehr nützt, wenn es vielleicht sogar schadet, dann gehört es überarbeitet oder abgeschafft.

Leider tun sich Menschen, Behörden, Körperschaften und Regierungen schwer damit, etwas zu beenden, weil es eben schon immer so war und man sich so schön dran gewöhnt hat,
und etwas Neues anzufangen, weil man das noch nicht kennt, weil man sich da vielleicht umstellen müsste und überhaupt, immer neue Moden!

Manche Regierungen wenden sogar ganz bewusst die Gesetze gegen die Menschen an: Wenn in Russland oder China ein Menschenrechtler fertiggemacht wird und aus dem Westen Kritik kommt, heißt es: was wollt ihr denn, er hat gegen Gesetze unseres Landes verstoßen und dafür wird er verurteilt. Das macht ihr doch auch so.
So kann man totalitäres Vorgehen demokratisch legitimieren und wir im Westen können nichts dagegen sagen, denn wir haben die Gesetzesgläubigkeit bei uns genauso fest verankert.
Wo käme man hin, würde man mit dem Spruch Jesu den Staat regieren wollen.

Und die Kirche macht da keinen Unterschied. Wenn es irgendwo besonders viele alte Zöpfe gibt und die Begründung, es wäre doch immer so gewesen und es stehe eben geschrieben, dann in der Kirche.

Natürlich ist es schwer, etwas Altes zu beenden und etwas Neues zu versuchen. Und Jesus war bestimmt kein Revoluzzer. Aber er hatte den Mut, allzu offensichtlich Absurdes beim Namen zu nennen und zu übergehen. Er war: unkonventionell. Aber weil er Gottes Sohn war, zeigt uns sich darin auch das, was Gott will: dass unser Handeln menschlich und freundlich ist.

Es ist übrigens gar nicht wahr, dass dann immer gleich der Untergang des Abendlandes bevorsteht. Ich habe die Diskussion, die Kirche und der Gottesdienst müssten mal erneuert werden, schon mehrfach erlebt und war auch immer sehr aufgeschlossen.
Aber gerade die so gern geschmähten Jugendlichen hatten eine sehr verblüffende Meinung: Ja, sagten sie, vieles müsse verändert und erneuert werden. Aber der Gottesdienst? Eigentlich nicht, denn etwas in der Gemeinde muß ja bleiben und für eine Predigt und das Abendmahl sei nun mal das der rechte Ort. Klar könne man an den Liedern was machen oder so. Aber der Gottesdienst muß immer noch als Gottesd. zu erkennen sein.

Und dann wünschten sie sich für ihre JG, dass da alle paar Wochen mal das Hl. Abendmahl gefeiert werden sollte.

Und es stimmt auch nicht, dass die Alten immer der Bremsklotz sind. Ich staune immer wieder, wie viel Aufgeschlossenheit für Neues ich in Seniorenkreisen oder Frauendiensten begegne. Ich denke da immer: wie viel wäre möglich, wenn man es nur schaffen könnte, dass mal alle miteinander reden.

Wieviel einfacher hatte es Jesus mit seinen paar Jüngern. Und mit diesen schlichten, gesetzesversessenen Pharisäern. Und wie genial hat er sie zum

Schweigen gebracht: Gut ist etwas nur, wenn es den Menschen nützt. Wenn es ihnen schadet, gehört es geändert oder abgeschafft.

Wenn wir das auf unsere Situation anwenden, dann müssen wir immer wieder unser Handeln daraufhin überprüfen, ob wir menschlich, freundlich und einfach rüberkommen. Wenn diese Einstellung stimmt, dann ergibt sich das „Wie" von ganz allein.

Kleine Ursache, große Wirkung   Mt 13, 31f

Kann es sein, dass sich die Bibel widerspricht? Daß sich Jesus widerspricht? Da haben wir dieses Gleichnis vom Senfkorn. Da geht es darum, um es mal mit einem heutigen Sprichwort zu sagen: Kleine Ursache, große Wirkung. Das kennen wir ja, ich erinnere an den Sketch von Loriot: Ein seriöser, gepflegter Herr kommt zu einer vornehmen Familie und das Dienstmädchen sagt ihm, er möge einstweilen Platz nehmen, die gnädige Frau käme gleich. Und während er so wartet, fällt sein Blick auf ein Bild an der Wand, das schief hängt. Als echter Deutscher kann er diese Unordnung nicht ersehen und geht hin, um das Bild gerade zu rücken. Dabei tritt er auf die Telefonschnur. Bei dem Versuch, das fallende Telefon aufzufangen stößt er gegen den Glastisch, der in Scherben geht. So geht das immer weiter, am Ende ist das Zimmer völlig verwüstet und als das Dienstmädchen kommt und ihm melden will, dass die gnäd. Frau nunmehr Zeit habe, da zeigt der verschwitzte und zerzauste Mann auf die Wand und sagt: „Das Bild hängt schief." – Kleine Ursache, große Wirkung.

Was aber meint Jesus? An anderer Stelle sagt er: „Wer kärglich sät, der wird auch kärglich ernten." – Mit anderen Worten: Aus nischt wird nischt. Das scheint ja dem, was Jesus uns mit dem Gleichnis sagen will, diametral zu widersprechen.

Natürlich nicht. Es geht ja um etwas anderes im Gleichnis. Es geht darum, dass der Same, so klein er auch ist, dennoch ein großer Baum werden kann. Für einen großen Baum braucht man keinen großen Samen. Sondern in dem, den man hat, steckt schon all die Erbinformation und die Kraft drin, die nötig ist, um groß und stark zu werden.

Jesus meint damit seine Botschaft vom Reich Gottes. So klein, so mickrig, so verachtet sie auch sein mag: sie hat das Potential, die Kraft, groß zu werden, so groß, wie das Christentum heute ist auf der Welt. Aber ist das schon das Ende? Sieht es nicht im Moment so aus, als sei der Baum an die Grenzen seines Wachstums gestoßen? Der Islam, der Atheismus scheinen viel dynamischer zu sein und das Christentum auf der Stelle zu treten, um es freundlich auszudrücken.

Worin besteht also das Geheimnis des Senfkorns?
Das Wort fiel schon: es ist die Dynamik. Das Wort ist griechisch und bedeutet Kraft, aber nicht einfach nur Kraft. Dynamik ist eine innewohnende, vorwärtsdrängende, nie zu stillende Kraft. Daß der Baum aus dem Samen wächst, geht ja nicht auf einen einmaligen Schub zurück, der im Samen steckt, sondern auf die Erbinformation, die in allen seinen Zellen liegt und in dem

Baum an jeder Stelle und zu jeder Zeit wirkt und das Wachstum antreibt.
Dynamis ist die Kraft, die zu jeder Zeit und an jedem Ort des Organismus wirkt,
ihn antreibt und wachsen lässt.
Das heißt für uns: dass das Senfkorn der Botschaft Jesu seine Kraft entfalten
kann, hängt davon ab, ob auch in den heutigen Trägern dieser Botschaft diese
Kraft, diese Dynamik enthalten ist. Und das sind nämlich wir, jeder einzelne von
uns.

Ob die Kirche, das Christentum, unsere eigene Gemeinde, eine Zukunft hat, das
hängt davon ab, ob in jedem, in dir, in mir und auch in ihm oder ihr die
Dynamik angelegt ist so, wie im Senfkorn die Erbinformation, die der Pflanze
zu jeder Zeit und an jedem Ort den Befehl gibt, zu wachsen.

Wenn der Same schlaff und schwach ist, dann wird daraus nichts. Aus nischt
wird nischt. Ist aber die Dynamik da, dann hat die kleine Ursache eine große
Wirkung.

Es gibt viele Beispiele, wo wenige, körperlich schwache, auf eigentlich
verlorenem Posten stehende Menschen eine riesige Bewegung in Gang gebracht
haben weil sie die Dynamik in sich gespürt und eingesetzt und auch die der Idee
innewohnende Dynamik haben wirken lassen. Frere Roger, der Gründer der
Communaute von Taize sagte immer wieder, wie es anfing: Wir sind nur
wenige, wir bleiben sicher ganz klein aber auch als wenige können wir im
Glauben leben.

Heute strömen jede Woche hunderte, ja, tausende Menschen nach Taize und das
sind unsere Lichtblicke, unsere Jugendlichen, 15 – dreißigjährige. Sie bringen
die Idee, die Dynamik der Communaute mit nach Hause, in ihre Kirchen, da gibt
es dann Taizegebete, Bibeldiskussionen und einen Glauben, der auch gelebt
wird.

Wie gesagt, es gibt viele Beispiele, wo Bewegungen innerhalb der Kirche
gewachsen sind und die uns immer wieder Hoffnung geben und auch zeigen,
dass das Christentum mitnichten das Ende der Fahnenstange erreicht hat.
Wichtig ist dafür, dass du, ja du, nicht nur die Brüder von Taize oder die
Pfingstkirchler in den USA die Dynamik erkennst, die der Glaube auch in dir
angelegt hat.

Laß sie heraus! Sei nicht schüchtern. Deine Kraft wird andere mitreißen! Es
wird dir eine Riesenfreude sein, zu sehen, wie stark du wirklich bist. Und es
kommt allen zugute, vor allem in deiner Kirche, deiner Gemeinde. Bekenne, wo
du hingehörst und engagiere dich im Sinne dieses Bekenntnisses. Du wirst

gebraucht. Auch, wenn du meinst, du seist nur eine kleine Ursache: die Wirkung kann riesig sein.

Orientierung Mt 13, 44-46

Seit einiger Zeit haben die Medien und die Sportler einen neuen Begriff erfunden, den sie nun lustvoll an alles ranhängen, was ihnen irgendwie bedeutsam erscheint. Fokussiert heißt dieses Zauberwort. Jeder ist heute fokussiert, die erfolgreiche Fußballmannschaft, der ehrgeizige Minister, der engagierte Manager.

Früher nannte man das, was da bezeichnet werden soll, einfach: konzentriert sein auf etwas. Ein Ziel im Auge zu behalten. Heute heißt es: fokussiert sein.

Ein Ziel im Auge zu behalten ist nicht ganz einfach. In den wenigsten Fällen ist ein Ziel auf geradem Wege zu erreichen. Fährt ein Schiff über den Ozean, könnte man meinen, man müsse nur den Kurs einstellen und dann das Steuerruder festbinden, dann könne man sich schlafenlegen. Aber so einfach ist es nicht. Da gibt es Wellen und Wind, die Strömung oder auch mal einen Eisberg – ein Kapitän muß sorgfältig navigieren und er braucht dafür komplizierte Instrumente, nicht bloß einen Kompaß.

Verfolgt man über Land einen Weg, ist es noch komplizierter, da kann ein Fluß oder ein Berg zwischen mir und dem Ziel liegen und mich zu weiten Umwegen zwingen. Wer von Ihnen wäre noch nicht bei einer Umleitung verzweifelt, die ihn vom direkten Weg abgebracht und dann sonst wohin geschickt hat.

Das ist frustrierend, denn erstens muß man nun neu nachdenken, der ausgedachte Weg geht nicht. Die sorgfältige Wegplanung ist Makulatur. Nun sagen Sie nicht, das macht heute alles das Navi – das schickt Sie genauso schnell in die Pampa.

Zweitens erweist sich die Zeitplanung als nutzlos, denn man kommt garantiert nicht pünktlich zur Oma und wann man ankommt, ist völlig ungewiß. Und drittens steht man auf einmal vor lauter anderen Zielen, die einen verwirren. Und / Oder sich verirren lassen. Oder verlocken.

Es ist eine immer wiederkehrende Erfahrung von uns Menschen: fast immer kommt was dazwischen, nie geht alles glatt, kaum ein Lebensplan geht ungetrübt seinem Ziel entgegen, da kann man noch so bemüht, konzentriert oder fokussiert sein.
Aber das hat auch sein Gutes: Probleme bei der Lebensbewältigung machen kreativ und flexibel. Und sie lehren uns: Demut. Das Leben ist kompliziert, es enthält immer wieder überraschende Wendungen, plötzliche Abbrüche, aber

auch freudige Überraschungen und das alles macht unser Leben bunt und interessant.

Ginge alles immer glatt, wo wäre da das Salz in der Suppe? Menschen, deren Lebenslauf ohne Brüche stattfindet werden schnell überheblich („ihr mit euren Problemen!"), sie werden schnell zu selbstsicher und haben dann keine Strategie, wenn doch mal Probleme auftauchen.
Nein, der Umweg, die Umleitung ist zwar im ersten Moment ärgerlich und mühsam, kommt uns aber insgesamt im Leben zugute.

Nur eine Gefahr bleibt: dass man sich in der Verwirrung und Verirrung verstrickt und das eigentliche Ziel irgendwann aus den Augen verliert. Gewiefte Verbrecher können einen Fährtenhund leicht irre machen und genauso können uns gewiefte Menschen, glitzernde Einrichtungen, reißerische Überschriften verwirren und uns das Ziel aus den Augen verlieren lassen.

Das ist dann tragisch, denn wer sich verzettelt, der gerät schnell in Streß, wenn man alles mitmachen will, alles gleichzeitig und dabei nichts richtig, dann ist man am Ende unzufrieden. Dagegen bringt das Festhalten an einem Ziel auch irgendwann den Erfolg: wer das Gefühl kennt, was man hat, wenn man ein Ziel endlich erreicht, der weiß, wie viel Befriedigung das bringt: Endlich!
Der Lohn ist dann das Erfolgserlebnis, das neu gewonnene Selbstbewusstsein und die Glückshormone.

Wer konzentriert bleibt auf sein Ziel – bei allen Irrungen und Wirrungen des Lebens, wer sein Ziel nicht aus den Augen verliert bei allen Dingen, die ihm zuweilen den Blick verstellen und die oft viel verlockender, viel naheliegender und viel erfolgversprechender scheinen, der beweist Charakter und Durchsetzungsfähigkeit. Er ist zielstrebig und geradlinig und das alles sind Eigenschaften, die uns Menschen gut zu Gesichte stehen.

Unser Ziel als Christen ist Gott. Auf dem Weg dahin, der ein ganzes Leben lang dauert, gibt es weiß Gott jede Menge Umleitungen, Schwierigkeiten und Verlockungen. Da durch zu kommen ohne schwach zu werden, ist nicht ganz einfach. Aber es lohnt sich. Neben dem Erfolgserlebnis und den Stolz auf das Erreichte, neben den Lebenserfahrungen und auch der erworbenen Demut, wartet das Ziel auf uns. Wer vorher abgeirrt ist, der landet in einer Sackgasse. Wir aber haben das Ziel vor unseren Augen. Jesus nennt seinen Wert: ein kostbarer Schatz, eine unschätzbare Perle. Dafür lohnt sich jeder Einsatz. Auch hier im irdischen Leben schon.

Lied: 198,1

Verborgene Schätze Mt 14, 22-33

Es gibt so Geschichten in der Bibel, die haben mich bereits im Kindergottesdienst sehr beschäftigt. Und ich sehe noch heute das Bild des sinkenden Petrus mit seinem weit aufgerissenen Mund aus dem „Schild des Glaubens" vor mir. Ich bin nie mit der Zeitlupe zurechtgekommen, in der die Geschichte abzulaufen scheint.
Zu sinken beginnen kann ein Schiff aber kein Mensch. Da macht es blupp und er ist weg. In der Geschichte aber können die noch miteinander diskutieren. Und überhaupt: was bewegt den Petrus, einfach loslaufen zu wollen. Wie kommt der auf die Idee?

Will er den anderen Jüngern oder Jesus etwas beweisen: seht her, ich bin so fest im Glauben, dass ich zu meinem Herrn auch übers Wasser gehen kann? Sieh mich an, ich bin der einzige, der sich das traut!
Ich bin in meinem Beruf schon oft Menschen begegnet, die genau wie Petrus, meinen, ihren Glauben beweisen zu müssen, die anderen zeigen wollen, dass sie noch ein bisschen fester glauben als die anderen. Der Petrus ist damit buchstäblich baden gegangen.

Es gibt viele Beispiele von Menschen, die mit zuviel Selbstvertrauen in Glaubensdingen vorgeprescht sind und dann gerettet werden müssen, weil sie damit Schaden angerichtet haben: Glaubensfanatiker bringen manchmal sich u. vor allem auch andere in Gefahr oder in ausweglose Situationen.

Wie überall im Leben gibt es auch bei uns immer ein Zuviel und Zuwenig. Wir beklagen oft, wie viele Menschen zwar zur Gemeinde gehören, aber sich nicht einbringen, die einfach passiv sind. Dabei könnten wir sie dringend brauchen und jeder hat ja etwas, was er gut kann und wovon die übrigen auch profitieren könnten. In jeder Gemeinde lagern verborgene Schätze, die, wenn man sie heben könnte, eine ungeahnte Bereicherung mit sich bringen würden. Aber wie die Jünger im Boot trauen die Menschen sich nicht oder meinen, es sei nicht so wichtig oder bedeutend oder aber sie sind eben gleichgültig.
Aber es gibt eben auch die, die sich darstellen wollen, die wie der Petrus vorpreschen und damit die anderen kompromittieren und sich und andere in peinliche Situationen bringen. Mir erzählte mal ein sehr frommer Erzgebirger, dass er bei einer Kur verkündet hatte, beim Gartenfest am nächsten Sonntag werde es schönes Wetter geben, weil er dafür betete. Als das Fest dann buchstäblich ins Wasser fiel, stand er und eben auch das, wofür er stand, ziemlich dumm da.

Nein, es ist besser, wenn man eine gesunde Distanz findet. Unsere Sonne umkreisen 9 Planeten. Die einen sind näher dran als die Erde, sie sind sehr schnell in ihrer Umlaufbahn und ihre Oberfläche ist sehr heiß. Andere sind weiter weg, bewegen sich gemächlicher und werden immer kälter, je weiter sie von der Sonne weg sind. Aber lebensfreundlich sind weder die einen Planeten noch die anderen.
Nur bei unserer Erde passt alles: nicht zu nah und nicht zu fern, nicht zu kalt und nicht zu heiß. So konnte nur hier Leben entstehen.

Zum Glück kennen fast alle Gläubigen den richtigen Abstand. Dennoch müssen sie sich mitunter anhören, sie seien zu passiv, nicht glaubensstark genug eben. Und die ihnen das sagen, das sind so diese Petrusse. Der musste ja nicht nur einmal gerettet werden, diese Geschichte ist ja nicht die einzige, die zeigt, wie er vorprescht und dann gerettet werden muß.
Vor allem aber bringt sie ihm nichts. Jesus entlarvt ihn dann ja doch als Kleingläubigen. Wie peinlich muß das für Petrus gewesen sein. Das ist es ja gerade: auch die, die meinen, besser als die anderen zu sein, frommer und mutiger – sie sind, sieht man genauer hin, auch nicht besser. Wir sind eben alle nur Menschen und wir sind auch alle, geben wir´s zu, Kleingläubige.

Aber das ist kein Vorwurf. Das ist nur die Realität. Jesus tadelt ja auch nicht die anderen Jünger, weil sie sich nicht auch ins Wasser gestürzt haben für ihn.
Was sie in dieser Geschichte tun, das ist mir deshalb auch viel sympathischer, weil viel natürlicher: Sie schreien vor Angst, weil sie etwas sehen, was es nicht geben kann. Und am Schluß der Begebenheit fallen sie nieder und bekennen Jesus als den Sohn Gottes.

Ich denke, dieser Text lehrt uns, uns in Glaubensdingen und auch sonst nicht zu weit aus dem Fenster lehnen. Wir müssen anderen nichts beweisen. Und Gott können wir nichts beweisen. Aber wir einfachen Durchschnittschristen können ganz sicher seion: Jesus rettet auch Kleingläubige wie dich und mich.

Lied: 399,7

Wahrhaftigkeit Mt 21, 28 – 32

Was meint ihr aber? Es hatte ein Mann zwei Söhne und ging zu dem ersten und sprach: Mein Sohn, geh hin und arbeite heute im Weinberg.
Er antwortete aber und sprach: Nein, ich will nicht. Danach reute es ihn, und er ging hin.
Und der Vater ging zum zweiten Sohn und sagte dasselbe. Der aber antwortete und sprach: Ja, Herr! und ging nicht hin.
Wer von den beiden hat des Vaters Willen getan? Sie antworteten: Der erste.
Jesus sprach zu ihnen: Wahrlich, ich sage euch: Die Zöllner und Huren kommen eher ins Reich Gottes als ihr.
Denn Johannes kam zu euch und lehrte euch den rechten Weg, und ihr glaubtet ihm nicht; aber die Zöllner und Huren glaubten ihm. Und obwohl ihr's saht, tatet ihr dennoch nicht Buße, so daß ihr ihm dann auch geglaubt hättet.

Warum erzählt Jesus dieses Gleichnis? Es ist doch eigentlich klar, wie die Antwort lautet. In unserer rationalen Welt zählt das Tun, nicht das Reden. Wichtig ist doch, dass der Sohn die Arbeit getan hat, egal, was er vorher gesagt hatte.

Aber ist das wirklich so? Sieht die Realität nicht vielmehr so aus, dass der Vater nach der Abfuhr des ersten Sohnes erstmal sauer ist? Und dass er nach der Zusage des zweiten zunächst zufrieden ist?

Natürlich kommt es sowohl Jesus als auch den Zuhörern auf das wirklich Getane an. Aber Jesus weiß auch: die Welt tickt in Wirklichkeit anders. Schon damals muß es wohl so gewesen sein, dass die Menschen in Wahrheit den Reden vertrauten und nicht nach dem wirklich Geschehenen schauten. Deshalb fährt er nach dem Gleichnis, das sie zunächst durchaus richtig beantwortet hatten, mit einer Kopfwäsche fort: die Zöllner und Huren kommen eher ins Reich Gottes als ihr!

Menschen also, die wenig nach Ehre und Moral fragen, sind in Wirklichkeit ehrlicher als die, die diese Werte für ihr Leben als Maßstäbe reklamieren.
Ob das bei den ersten stimmt, jedenfalls so pauschal, das sei mal dahingestellt.
Aber dass die Ehrlichkeit und die Wahrhaftigkeit der ehrbaren und moralischen Leute durchaus in Frage gestellt werden kann, das wissen wir wohl zu genau.

Trotz unserer Rationalität fallen wir immer wieder auf Menschen herein, die das Eine sagen und in Wahrheit etwas ganz anderes tun. „Niemand hat die Absicht, eine Mauer zu errichten" – sagte Walter Ulbricht. Er wusste genau, dass das eine Lüge ist. Aber zunächst steht ja das, was er sagt. Die Hörer sind zufrieden. Und das klappt heute so gut wie damals. Wir vergessen sie nur zu schnell, die Lügen und Täuschungen der politisch, wirtschaftlich und militärisch Verantwortlichen dieser Welt.

Und es geht uns ja auch selbst so: wie oft verspreche ich etwas und tue es dann doch nicht. Das muß garnicht vorsätzlich geschehen. Vergesslichkeit, veränderte Umstände, andere Anforderungen lassen uns so handeln. Die Frage ist: behalte ich die ursprüngliche Absicht im Auge? Erinnere ich mich an die Versprechen? Oder versuche ich, meine Handlungen nachträglich zu rechtfertigen, streite meinen Fehler ab und schiebe die Schuld anderen in die Schuhe.

Genau das nämlich meint Jesus: die Zöllner und Huren stehen zu dem, was sie tun, sie müssen es denn sie wissen genau, dass sie da nichts beschönigen können. Aber die anderen, die, die sich für besser halten, die suchen nach Ausreden, die stehen nicht zu dem, was sie tun und meinen dennoch, sie seien ehrlich oder ehrbar.

Es ist nicht genug, zu wissen. Man muß es auch anwenden. Es ist nicht genug, zu wollen. Man muß es auch tun. Das hat Goethe mal gesagt. Von den zwei Söhnen aus dem Gleichnis bin sicher ich öfter der zweite als der erste. Das weiß Gott ganz genau. Die Frage ist: bin ich mir dessen bewusst und versuche, Vergesslichkeiten, Unzuverlässigkeiten und Widerwillen abzustellen oder rechtfertige ich mich, streite sie ab und suche andere Schuldige.

Wahrhaftigkeit beginnt im Kopf. Das Tun des Menschen bleibt fehlerhaft, das können wir nicht ändern. Aber das Denken kann verbessert werden. Auf meine Einstellung kommt es an. Jesus kritisiert die, die wider besseren Wissens handeln.

Ihr hättet es doch wissen müssen! Dieser Vorwurf könnte heute oft erhoben werden, wenn etwas eingetreten ist, was vorher schon viele prophezeit hatten. Vielleicht müssen wir uns diesen Satz später mal von unsern Kindern und Enkeln anhören, wenn der Klimawandel uns voll erwischt hat oder wenn die Schulden, mit denen wir heute unseren Lebenswandel finanzieren mit voller Härte von unseren Nachkommen gefordert werden.

Jesus fordert uns auf, von hinten her zu denken, von den möglichen Resultaten. Daß die Welt endlich ist, das weiß inzwischen jeder. Daß da aber auch ein Gott stehen könnte, der uns mal an unsere Verantwortlichkeiten erinnert, das verdrängen viele. Wer aber dieses Wissen im Hinterkopf behält, der überlegt vorher, was er tut.

Und der wird später keine böse Überraschung erleben. Das gilt übrigens nicht nur für den Glauben. Das hilft uns auch im Leben.

Bewußt zu leben, zu denken und zu handeln, das ist es, was Jesus fordert. Er stellt sich damit gegen die Gedankenlosigkeit, die viele Menschen heute kennzeichnet, weil sie meinen, das Glück dieser Welt und ihr eigenes vertrauensvoll in die Hände anderer Menschen legen zu können. Da liegt es höchst ungewiß.
Wirklich vertrauen können wir nur dem einen da oben.

Lied: 0103, 1;4

Advent Mt 24,1 - 25,46

Wenn man diese Worte Jesu hört, dann bleibt einem das: „Wir sagen euch an den lieben Advent" im Halse stecken. Düstere Worte, hoffnungslose Prognosen, vernichtende Prophezeiungen – aber eine realistische Beschreibung der Zeit, in der das Matthäusevangelium entsteht.
In Rom sind gerade die Exzesse der ersten Christenverfolgung abgeflaut, die Erinnerung ist noch frisch an hunderte grausam hingemetzelter Menschen, die nichts anderes getan hatten als an ihrem Glauben festzuhalten.
Und in Jerusalem rauchen noch die Trümmer der Stadt und des Tempels – der Besatzungsmacht preisgegeben von religiösen Fanatikern, die glaubten, Gott käme ihnen zu Hilfe, wenn sie nur fest genug auf ihn trauten. Oder auf die, die vorgaben, ihn zu verkündigen.

Die wahren Gläubigen sind tief verunsichert, viele wenden sich ab, andere verraten einander um den eigenen Kopf zu retten, einer misstraut dem anderen. Eine wunderbare Gelegenheit für Scharlatane, sich wichtig zu machen und ihre eigenen Gedanken unters Volk zu bringen.
Aber warum so ein Text in der Adventszeit? Warum so düstere Worte während der Vorfreude der Vorweihnachtszeit?
Nun, die Adventssonntage tragen theologisch jeder eine eigene Bedeutung. Nachdem der 1. Adv. unter dem Thema „Dein König kommt" stand, lautet das Thema des 2. Adventes „Dein Richter kommt".

Das klingt schon ganz anders als „König". Wenn ein König sich ankündigt, dann löst das Aufregung und Freude aus und aufwändige setzen Vorbereitungen ein. Ist aber nun von einem Richter die Rede stimmt das zwar mit der Aufregung, geht aber in eine ganz andere Richtung: es sind die bösen Erwartungen: was wird er gegen mich vorbringen? Eine Aufregung, die sich nicht in freudigem Bauchkribbeln äußert sondern in schlaflosen Nächten, ständigem Grübeln und Appetitlosigkeit.
Und Freude, wie beim König? Davon kann nun gar keine Rede sein.
Allerdings ist es schon logisch, daß mit der Ankündigung des Königs auch ein Richter mit auftreten muß: bei einem so hohen Besuch muß schon vorher mit dem Besuchten alles geklärt sein.

Wenn also ich den König aufnehmen soll, dann muß vorher alles mit mir und in mir bereinigt sein, das gehört mit zu der Vorbereitung. Der König wird sich doch nicht mit zwielichtigen Gestalten einlassen. Der Sünder muß deshalb vorher durch das Gericht.

Also: Aufregung ist da, wenn man auf den Richter wartet, Freude ganz sicher nicht aber wie ist es mit der Vorbereitung? Die ist jetzt besonders wichtig. Denn es wäre unverantwortlich, wollte man einem Richter unvorbereitet gegenübertreten. Da müssen die Akten studiert sein, ein Verteidiger eingeschaltet und eine Verteidigungsstrategie ausgedacht sein. Sonst wäre man chancenlos.

Allerdings: der Unterschied zum realen Leben ist der: das ist gar kein „richtiger" Richter., so, wie es sich nicht um einen „richtigen" König handelt.
Der Richter, der heute angekündigt wird ist kein „richtiger" Richter weil er nicht kommt um zu richten sondern um zu retten.
In unserem Gesangbuch stehen verschiedene Beichtgebete. In einem steht der zunächst beängstigende und verunsichernde Satz: Richte mich, aber verwirf mich nicht. Es ist nicht die Aufgabe des Richters, zu verwerfen. Er soll Recht sprechen. Nicht mehr und nicht weniger. Viele Angeklagte wünschen sich gerade deshalb ausdrücklich einen fairen Prozeß. Sie meinen damit einen fairen Richter, dem sie vertrauen können, daß er zutage fördert, was wirklich war und der nicht krampfhaft nach Schuld gräbt.
Die Strafe ist dann zwar unangenehm aber man fühlt sich nach deren Begleichung frei. Denn: wer kann schon mit Schuld dauerhaft leben? Wenn ich etwas Dummes getan habe ist der natürlichste Wunsch, daß ich möglichst schnell Wiedergutmachung leisten kann. Hinterher ist dafür alles in Ordnung und ich kann nun getrost weiter den König erwarten.

Aber hier kommt nun noch etwas anderes hinzu: der Richter, von dem heute die Rede ist, er ist nicht nur fair sondern auch barmherzig. Das heißt: Wie sein Urteil auch ausfällt, er wird es nicht auf mich anwenden. Denn wenn ich gläubig bin, bin ich auch durch Christus wieder ausgelöst. Oder erlöst.. Auf diesen Richter also kann ich getrost warten.

Aber das „wehe!", das Jesus seinen Jüngern gegenüber ausspricht, es ist bittere Realität. Sie können es selbst sehen. Was Menschen säen, das ernten sie auch und zwar potenziert: Auf den Aufstand kommt die Kriegserklärung, eine Handvoll Fanatiker sieht sich plötzlich römischen Legionären gegenüber und ein paar halbstarke Muskelspiele finden ihre Antwort in der völligen Zerstörung der Heiligen Stadt und der Zerstreuung ihrer Bewohner.

Menschen machen es sich oft nicht bewusst, was sie auslösen oder anrichten mit ihren Worten oder Taten. Wenn dann die Konsequenzen kommen, finden sie die ungerecht und beginnen, mit Gott zu hadern.
Dabei geschieht ihnen nur, was sie selbst ausgelöst haben. Denn während Gott, wie ich sagte, barmherzig ist, ist die Welt konsequent. Da gibt es keine

Barmherzigkeit sondern nur Gesetze. Und nach denen führt eine Tat zu ihrer Vergeltung. Das ist Gerechtigkeit. Menschliche Gerechtigkeit.

Zum Glück gibt es auch die andere, die göttliche Gerechtigkeit. Nach der kann ich der Welt entfliehen und mich den Menschen mit ihrer Gerechtigkeit, ihrer Konsequenz und ihrer Kaltherzigkeit entziehen.

Siehe, dein Richter kommt. Aber nicht, um dich auch noch zu richten sondern um dich zu retten. Und dann ist der Weg frei zur Krippe, zum Weihnachtsfest. Dann kann gefeiert werden.

Erfahrene Männer - Predigt im Schloß Vogtsberg am 23. 4. 2014 (ökumenischer Gottesdienst)

Ich mache gerne Fahrradausflüge. Aber nicht allein, meistens sind wir eine Truppe, mehrere Männer. Frauen haben da nichts zu suchen. Und wenn wir mal einkehren, treffen wir, wenn es ein schöner Tag ist zum Fahrradfahren, meistens im Biergarten auf andere Männergruppen, die mit Schutzhelm und Luftpumpe am Tisch sitzen.

Ich vergleiche das immer mit dem Mittelalter - da zogen die Männer, so sie denn freie Männer waren, zusammen auf die Jagd. Das liegt ihnen so in den Genen: hinaus zu ziehen in die Welt - zu fahren. Das können Sie an den Männerbünden sehen, die zu Himmelfahrt durch die Gegend ziehen. Oder an dem Begriff: fahrender Ritter.
Auch die heute wieder aufgelebte Tradition der Handwerksburschen, die nach der Gesellenprüfung auf Wanderschaft gehen, zeigt das an. Wenn sie nach 3, 4 Jahren wiederkommen, dann sind sie: erfahren. Die Wanderschaft, die Fahrt, sie macht Männer zu erfahrenen Männern.

Dieses Motiv liegt auch der Legende vom Hl. Georg zugrunde: der fahrende Ritter, der Abenteuer besteht, der tapfer den Drachen tötet und die Jungfrau befreit und so zum Helden wird.

Nun muß ich aber mal, bevor das hier zur reinen Männerpredigt eskaliert, auch den Frauen ein Stück Zucker geben. Die haben in der Welt der Ritter, der Helden und der Männerbünde nichts zu suchen? Denkste!
Die Georgslegende hat einen viel tieferen Sinn und darin spielen die Frauen nicht nur eine Nebenrolle.

Denn der Grund, warum sich der Ritter auf den Weg macht, ist in der Regel die Eroberung einer Frau. Das ist bis heute so geblieben: mit der Aussicht auf eine schöne Frau locken Sie noch heute noch jeden Mann hinter dem Ofen vor.
Und die wartet ja dann auch nach der Legende als Belohnung oder Eroberung auf ihn.

Aber die Frau, das Weibliche überhaupt, begleitet den Helden auch auf der Fahrt: als Beschützerin, die ihn mit ihren Mitteln stärkt und aus so manchem Schlamassel heraushilft. Das finden Sie als Motiv in vielen Märchen wieder: die alte Frau in der Hütte im Wald, die den Helden auf den Weg schickt und ihm den Lohn verspricht und im entscheidenden Moment, wenn er mit Mut und Kraft nicht weiterkommt, mit Weisheit oder einem Zauberspruch ihm hilft, sein Ziel doch noch zu erreichen.

So spielt das Weibliche Moment eine, wenn nicht **die** entscheidende Rolle in der Georgslegende, die, und nun möchte ich mich endlich mal davon lösen, eine Metapher ist für wichtige Grundmotive des Menschseins.

Wissen Sie, warum uns in der Bibel immer wieder die Zahl 40 begegnet (als Zeit der Wüstenwanderung, Regierungszeit der wichtigsten Könige Israels oder als die Zeit, die Jesus in der Wüste verbrachte, bevor er begann, den Menschen die Botschaft zu bringen)? Weil 40 die Zahl der Reife ist. Tatsächlich sagt man bis heute, ein Mann erreiche erst mit 40 Jahren die wirkliche Reife. Vorher gilt er vielen noch als Kindskopf.
40 - die Zahl der Reife. Eine Schwangerschaft dauert 40 Wochen.
Das heißt: daß der Mensch sich so entwickelt, wie er sich entwickelt, hängt nur bedingt mit seinen Fähigkeiten zusammen. Vieles hat Gott so eingerichtet, daß es paßt. Einiges davon zeigt uns die Georgslegende. Sie zeigt uns, daß ein Mann tatsächlich einige Zeit braucht, bis er den Lohn erlangen kann.

Vielleicht haben deshalb die meisten Männer in jüngeren Jahren ein eher distanziertes Verhältnis zum Glauben an Gott. Sie brauchen einfach ihre Zeit um zu reifen oder die Einsicht in sich reifen zu lassen, daß erst ein Leben im Glauben ein erfülltes Leben darstellt. Und die Frauen: sie stehen am Anfang, in der Mitte und am Ende dabei. Ohne sie wäre die ganze Fahrt ohne Sinn. Und diese Rolle der Frau gibt ihr, sicher ohne, daß sie sich dessen bewußt ist, den wichtigsten Platz im Leben der Menschen: sie steht am Anfang mit der Geburt, in der Mitte mit ihrer Mutterschaft und am Ende: die meisten Menschen sehnen sich am Ende ihres Lebens nach der Mutter zurück.

Diese Rolle hat eine spirituelle Dimension, sie ist das weibliche Prinzip der Religion, das im Christentum durch die Heilige Jungfrau Maria dargestellt wird. Frauen wissen davon, wenn auch unbewußt, aber es zeigt sich darin, daß Frauen eben nicht erst zum Glauben finden, wenn sie älter werden sondern meistens das ganze Leben lang gläubig sind. Die Verbindung mit Gott: Männer müssen sie erst finden, erfahren.
Frauen ist sie angeboren.

Das ist der tiefere Sinn der Georgslegende: daß zur Gotteserkenntnis alle Menschen nötig sind, die weiblichen und die männlichen.
Und erzählt habe ich Ihnen das alles, um Ihnen zu zeigen, daß auch unser Leben nicht nur aus Schlafen, Arbeiten, Lieben und Essen besteht, sondern daß es eine spirituelle Dimension hat, einen Sinn, ein Ziel: sich auf die Fahrt zu begeben mit dem Ziel, Gott zu finden. Und das jeder auf seine Weise: der Mann mit dem Bestehen von Abenteuern und dem Sammeln von Erfahrung, bis er die Reife

erlangt und die Frau, die mit ihrer Mütterlichkeit und ihrer Weisheit die Menschen begleitet und zu Gott führt.

In Rußland haben die Frauen den Glauben aufrecht erhalten in der Zeit, als die Kirchen zerstört, die Priester verjagt und der Glaubensunterricht der Kinder verboten war. Ein Menschenalter lang waren es die Frauen, die den Glauben an ihre Kinder und Enkel weitergegeben und sie so für Gott erhalten haben.

Erbe Rö 8, 14-17

Ein Sprichwort sagt: " Blut ist dicker als Wasser." Will heißen, Familienbande ist etwas Besonderes, nicht zu vergleichen mit anderen sozialen Beziehungen. Blut fühlt sich zum Blute hingezogen, da fühlen sich manchmal Leute füreinander verantwortlich, die ein Leben lang kaum etwas miteinander zu tun hatten.

„Die vom Geist Gottes geführt werden, die sind Gottes Kinder" - schreibt Paulus den Römern. Was meint er damit?
Es geht um das Verhältnis zwischen Gott und uns Gläubigen. In welchem Verwandschaftsverhältnis stehst du zu Gott? Sicher, wir sagen „Vater" zu ihm. Aber fühlen wir uns wirklich als seine Kinder? Luther sagt: wir sollen Gott fürchten…
Ein Sohn hat wohl Achtung und Respekt vor seinem Vater. Sollte er zumindest. Aber Angst sollte er eigentlich nicht haben müssen. Egal, was zwischen beiden vorgefallen ist, Blut ist dicker als Wasser.
Kaum ein Vater hat wohl ein Interesse daran, seine Kinder zu vernichten. Er wird vielmehr immer einen Weg finden, das Kind, und sei es noch so störrisch, wieder in die Familie zu integrieren.

Schließlich sagt nur sein Kind zu ihm:"Vater". Und schließlich braucht er es doch auch als Erben. Die Stellung des Sohnes gegenüber seinem Vater ist eine Gehobene. Das Verhältnis ist etwas Besonderes.

Der Knecht dagegen steht in Lohn und Brot. Er leistet seine Arbeit und erhält dafür seinen Anteil. Er muß den Arbeitgeber weder lieben noch verehren - er hat lediglich zu gehorchen. Naja, und er hat zu fürchten, daß er notfalls auch austauschbar ist. Macht er einen Fehler, wird ein anderer an seine Stelle gesetzt. Der Knecht hat Grund, seinen Herrn zu fürchten, denn er lebt von dessen Geld.

Was bin ich nun, Sohn oder Knecht? Habe ich Angst vor Gottes Zorn, versuche ich ängstlich immer, ihm alles recht zu machen oder glaube ich einfach daran, daß Gott mich so liebt, wie ich bin? Ein Kind kann seinen Eltern nichts vorspielen. Es kann nur darauf vertrauen, daß seine Eltern es auch lieben, wenn es nicht klug oder sportlich oder schön ist.

Wer aber Gott um jeden Preis zu gefallen sucht, wird über das Knechtschaftsverhältnis nicht hinauskommen. Der Herr wird ihn loben, wird viell. sogar seinen Lohn erhöhen - aber kein Gedanke daran, ihn zum Erben einzusetzen.

Das unterscheidet übrigens auch Christen von manchen Juden. Die Pharisäer versuchten ein Leben lang, Gott zu gefallen. Dafür studierten sie eifrig die Schriften, befolgten peinlichst alle Gesetze und kontrollierten sich und andere ständig, ob sie auch rechtgläubig seien.

Sie waren Knechte - gute zwar, aber nur Knechte. Zum Lohn dafür hat Gott sie zu seinen Vorarbeitern gemacht, sprich: zu seinem auserwählten Volk ernannt.

Aber Christus hat das Neue verkündet: nicht mehr Knecht sondern Kind. Was ich **tue** ist für Gott vielleicht wichtig. Entscheidend aber ist, was ich **bin**. Deshalb nimmt Gott jedes Kind in der Taufe auf, auch den kleinen Johannes in diesem Gottesdienst.

Allerdings gibt es durchaus auch Menschen, die sich scheuen, sich als Kinder Gottes zu betrachten, die meinen, das sei eine Anmaßung. Manche wollen sich lieber Gesetze und Regeln vorschreiben lassen. Das sei sicherer, sagen sie. Ein Gesetzestext ist eindeutig, da weiß man immer, woran man ist. Also kann man leicht immer im Inneren der festgelegten Bahn bleiben.

Ein Bekannter sagte mir mal, die Bemühungen mancher Politiker, mit Überwachungskameras, Telefonabhören und Überwachungssoftware uns zu unserer eigenen Sicherheit immer im Blick zu behalten, störten ihn nicht, denn wer nichts ausgefressen hat, braucht davor auch keine Angst zu haben. Wo er recht hat, hat er recht. Aber ist der Staat oder ein Unternehmen wirklich immer so integer? Sind Gesetze wirklich so eindeutig? Könnte diese Sicherheit nicht vielleicht auch trügerisch sein?

Christsein bedeutet nicht automatisch, Gottes Kind zu sein. Auf meine innere Einstellung kommt es an. Kann ich wie Jesus „Abba" sagen, lieber Vater, eine Anrede, die Zärtlichkeit und Liebe ausdrückt oder ist er nur der „Herr", dessen Anweisungen ich zu befolgen habe?

Sicher, auch ein Kind muß seinen Eltern gehorchen. Aber während sich der Knecht für gute Arbeit gelobt weiß, darf sich das Kind für sein Sein geliebt wissen. Die Liebe macht den Unterschied. Liebe ich Gott mit meinem Herzen und vertraue darauf, daß auch er mich liebt, so, wie ich bin, dann bin ich Kind, Familienmitglied und schließlich: Erbe.

Als Erbe kann ich mir, anders als der Knecht, kein Vermögen erarbeiten oder verdienen. Nicht durch Tun und Anstrengung werde ich zum Erben eingesetzt. Das kann nur durch meine Liebe geschehen. Und diese Liebe öffnet mein Herz für Gott. Er kann es dann mit seinem Geist füllen. Und dann wird der Geist

Gottes mich führen, so, wie ja auch meistens die Ansichten und Einstellungen von Eltern auf Kinder übergehen.

Genauso prägt der Geist unseres himmlischen Vaters uns als seine Kinder. Er führt uns und macht uns am Ende zu Erben seines Vermächtnisses: Mit Christus zur Rechten Gottes zu sitzen.

Lied: 401,1

Erwachsenentaufe Rö 6, 3-10

Bei der Taufe wird Wasser verwendet, um …
damit man, also der Getaufte … ein neuer Christ … äh … Mensch - ich fang noch mal an.

Ihnen ist es sicher allen auch schon mal passiert, dass Sie einen Anfang verhaspelt haben und nicht mehr weiterkommen. Dann ist es besser, noch mal neu anzufangen als das verkorkste noch irgendwie retten zu wollen. Da wird meistens nichts Rechtes mehr draus.
Bei vielen technischen Geräten gibt es eine Resettaste. Das heißt: zurücksetzen. Also noch mal auf „Anfang" gehen.
Neu konzentriert, Fehler des vielleicht Überhasteten ersten Anfangs können nun vermieden werden, neu geordnet können jetzt die Gedanken planmäßig weiter und zu einem guten Ende geführt werden.

Auch im Leben ist es nicht das Schlechteste, wenn man die Gelegenheit bekommt, einen neuen Anfang zu machen. Das merken wir gerade nach dem Umzug. Sicher, vorher hat man Albträume: wie soll das gehen, das viele Zeug, die Ummeldungen, die Scherereien. Keiner macht das gerne und versucht, es zu vermeiden. Einen neuen Anfang zu machen ist auch wirklich nicht immer leicht, freiwillig entschließen sich die wenigsten dazu. Aber wenn man es dann gemacht hat, dann merkt man doch auch, was man gewonnen hat: Altes hinter sich gelassen, Neues neu entdeckt und manches von früher überwunden.

Aber das geht nicht immer. Einen neuen Anfang machen durch einen Unzug, das geht. Aber wie ist es mit dem Leben überhaupt? Da wird es schwierig. Jeder hat ja seine Biografie, sein Leben. Das ist wie ein Rucksack, den man bei seiner Geburt bekommt und der sich dann im Laufe der Jahre langsam füllt. Den müssen wir das ganze Leben hindurch mit uns herumschleppen und er wird dabei immer schwerer. Da ist keiner, der ihn uns abnehmen kann und da kann man auch nicht reingreifen und einiges rausschmeißen, damit er wieder leichter wird.

Elvis Presley hat das in seinem Lied „In the Ghetto" beschrieben: Da wird ein Kind geboren in einer heruntergekommenen Gegend, der Vater ist verschwunden, die Mutter betrunken, in seinem Rucksack sind schon zu Beginn einige schwere Brocken und es werden schnell mehr: durch seine Herkunft hat ihn seine Umwelt bereits ein Etikett verpasst, er kommt nicht auf die Beine, keiner gibt ihm eine Chance und so stirbt er am Ende mit einem Gewehr in der Hand im Kugelhagel der Polizei. Er hatte nicht nur keine Chance auf einen

Neuanfang, das Lied schließt sogar mit einem traurigen Ausblick: Als der junge Mann stirbt, wird gerade wieder ein Kind geboren: in the Ghetto.

Das ist die Unbarmherzigkeit, die Konsequenz des Menschseins: Du hast deinen Rucksack und den wirst du nicht mehr los, der bestimmt immer mehr, je schwerer er wird, dein Leben. Deine Mitmenschen beurteilen und behandeln dich danach, da ist keiner, der dich fragt, wie du wirklich bist, der sich die Zeit nimmt, mal wirklich auf dich einzugehen.
Bei Menschen ist ein neuer Anfang nur sehr schwer zu machen, wenn er nicht mit einem radikalen Wechsel des Ortes und der Mitmenschen einhergeht.

Da gibt es aber dennoch eine frohe Nachricht: Wenn ein Mensch den Glauben entdeckt, dann ist plötzlich doch eine Resettaste da. Ein Neuanfang ist möglich, ein Überwinden des Alten und ein Aufbruch ins Neue mit allen seinen Möglichkeiten und spannenden Entdeckungen.
Und das ist die Taufe. Daß Wasser reinigende Eigenschaften hat, ist bekannt. Wer hätte sich nicht schon einmal nach einem Bad oder einer Dusche „wie neugeboren" gefühlt? Im Wasser erlebt der Mensch höchste Glückseligkeit. Wenn ein Mensch sich wohl fühlt, fängt er an zu singen. Deshalb singen viele Menschen unter der Dusche oder im Bad.

Aber die Taufe ist da noch viel radikaler: da fühlt man sich nach dem Bad nicht wie neugeboren sondern man ist es tatsächlich! Die Taufe ist ja ein Symbol. Wissen Sie, wofür? Erschrecken Sie nicht: für das Sterben. Ja, denn ursprünglich beging man sie durch Untertauchen des ganzen Körpers. Wer aber untertaucht, der muß auch wieder auftauchen. So, wie Jesus nach seinem Tod und Begräbnis nach drei Tagen wieder „auftauchte". Aber da war er nicht mehr derselbe. Maria und die Jünger erkennen ihn deshalb zuerst garnicht. Das Alte oder der alte Mensch ist im Grab geblieben. Luther hat es in seiner etwas drastischen Art so ausgedrückt: der alte Mensch ist im Wasser „ersäuffet" worden. Das wollen wir heute lieber nicht mehr ausprobieren, deshalb begnügen wir uns mit dem Übergießen des Kopfes. Heraus kommt aber dasselbe: ein neuer Mensch. Ein Neuanfang des Lebens, das nun ein Leben im Glauben ist.

Das hat zwei beglückende Konsequenzen: zum Einen hat man die seltene Chance, aus dem Rucksack so einiges herauszuschmeißen, was bisher immer so gedrückt hat. Und zum Andern eine Neuordnung des Lebens. Eine Entdeckung, wofür man lebt. Das Wissen, dass man jetzt einem richtigen Ziel zusteuert. Das Entdecken der vielen Möglichkeiten, die ein Leben im Glauben bietet: mitzumachen in einer Gemeinde, unter Gleichgesinnten, die christliche Kunst und Kultur, die spannenden Lebensentwürfe gläubiger Menschen, die Verwirklichung seiner selbst in Musikkreisen, Diskussionsgruppen oder kreativen Zirkeln – es tut sich ein unendlich weites Feld auf, wenn man den neuen Boden eines Lebens mit Gott betritt.

Das bedeutet zwar nicht, dass nun die bisherige Biografie ausgelöscht oder ungeschehen gemacht ist. Das soll sie ja auch garnicht. Sie wird nur an einigen Stellen korrigiert oder neu ausgerichtet aber vor allem: sie wird um Welten erweitert.

Sie haben das schon erlebt, denn den Glauben entdeckt haben Sie ja schon früher, die Taufe ist nur die Konsequenz daraus. Aber wenn es ein sichtbares Zeichen des neuen Anfangs, eine Resettaste des Lebens geben soll, dann ist es die Taufe. Neugeboren zu einem neuen Leben: jetzt mit Gott. Was kann uns Menschen besseres geschehen? Das Christsein gibt und die Chance dafür.

Adventsgeschichte: Das Transparent

Der Urlaub hatte allen sehr gefallen. Lisa und Mike waren mit den Eltern in Frankreich gewesen, zum ersten Mal. Was es da alles anzuschauen gab! Winzige romantische Dörfer und stille, weite Landschaften. Große Städte mit chaotischem Verkehr. Uralte Bauten aus der Steinzeit. Am meisten aber waren Lisa und Mike von den Kathedralen beeindruckt, diesen himmelragenden Steingebirgen aus Pfeilern, Türmen und Fenstern. Lange standen die Kinder vor den Fenstern, die den Dämmer der Kirche durchbrachen und Licht spendeten, ein Licht, so unvergleichlich, dass Lisa der Mund offenblieb. „Das sieht cool aus" wisperte sie. „Da staunst du, was?" sagte der Papa. „Diese Fenster sind 800 Jahre alt und die Farben strahlen heute noch so frisch und hell wie damals". In der Tat, die bunten Scheiben glitzerten wie Edelsteine in der Sonne und erzählten wunderbare Geschichten aus der Bibel und von heiligen Menschen. Lisa war so fasziniert, dass sie davon, als sie wieder zuhause war, in der Schule erzählte. Die Religionslehrerin nahm das Thema gleich auf und erzählte vom Bau der Kathedralen. Dann fragte sie: „Weiß jemand, was eigentlich Heilige sind?" – Und da sorgte Lisa für einen Lacher. Sie rief nämlich aufgeregt: „Das sind Menschen, durch die das Licht scheint!" So hatte sie es ja gesehen auf den Fenstern.

Am Nikolaustag hatten Lisa und Mike ihre Stiefel vor der Tür untersucht und darin die Geschenke des „Nikolaus" gefunden: Gummibärchen, Kaubonbons und Schokoriegel. Wie jedes Jahr. Deshalb saß Lisa mittags mit etwas langem Gesicht am Esstisch. „Das war schon alles ganz schön. Aber noch mehr hätte ich mich über Plätzchen gefreut. Weihnachtsplätzchen! Der Collin ihre Oma backt immer welche, die bringt die dann immer mit in die Schule und verteilt sie. Die schmecken toll!"

„Ja, die Oma von der Collin hat halt auch Zeit", antwortete die Mutter. „Ich hab soviel um die Ohren in der Weihnachtszeit, da kann ich mir nicht auch noch so was über den Hals ziehen!"

„Schade," sagte Lisa, „wenn wir Plätzchen hätten, könnte ich auch welche verschenken. Ich hab noch gar nichts für Oma Inge!" „Du wirst schon noch ein Geschenk für sie finden. Sind ja noch 3 Wochen bis Weihnachten!" Sagte die Mutter und bemerkte im selben Moment den Widerspruch: keine Zeit? Wirklich nicht? Wie wär´s mit heute? Eigentlich hätt ich heute Zeit, ist ja Sonnabend. Und so eröffnete sie ihren Kindern am Nachmittag: „Nach dem Kaffeetrinken brauch ich euch mal. Ihr müsst mir helfen. Ich möchte heute Weihnachtsplätzchen backen!"

„Coooool", ruft Lisa. „ÄÄÄÄÄÄÄ" kommt es von Mike. „Plätzchen backen! Ich will nachher Harry Potter angucken, der Franz hat mir die DVD geborgt, die will er am Montag wiederhaben." „Wenn, dann machen alle mit", bestimmt die Mutter. „Alle???" brummt es hinter der Zeitung hervor. „Klar, du kannst auch

mitmachen. Viele Hände, schnelles Ende! Du kannst schon mal die Formen holen!"
So begann die Weihnachtsbäckerei. Im Radio lief schöne Musik, die Pyramide drehte sich und es roch … phantastisch!
„Nun mach nicht so ein Gesicht, Mike" rief Mutter. Sie sah, wie er lustlos mit den Formen hantierte. Plätzchen backen war Weiberarbeit! „Hol mir mal bitte die zerlassene Butter"! Träge drehte sich Mike zum Herd, nahm die Pfanne und ging zum Tisch, wiegte die Pfanne dabei und da passierte es: „Mensch, paß doch auf!" riefen Mutter und Lisa, „die schöne Butter! Und alles über den Tisch!"
Den hatten sie zum Glück mit einer Papierdecke abgedeckt. Nun hatte der Junge in seiner Lustlosigkeit die flüssige Butter verschüttet. „Los, stell die Pfanne weg und hol eine neue Decke" sagte der Vater. Mutter räumte den Tisch ab und sie nahmen die bekleckerte Decke aus Papier weg. „Mann", rief da Lisa, „guckt mal, da kann man ja jetzt durchgucken!" „Das ist eben so", erklärte Vater, „wenn Fett auf Papier kommt, wird es durchsichtig oder transparent." „Warte mal," sagte Mike und hielt die Kerze dahinter. Die leuchtete jetzt durch das Papier. „Da kommt mir eine Idee! Lisa, ihr habt doch beim Weihnachtsbasteln in der Christenlehre Scherenschnitt gemacht. Hol das doch mal her!" Lisa raste los und brachte ihre Arbeit. Es war ein Nikolaus, der mit dickem Sack durch den Schnee stapfte, eingerahmt von Fichten.
Mike schnitt ein Stück von der Papierdecke ab und hielt es hinter den Scherenschnitt. „Und jetzt die Kerze! Guck mal, jetzt hast du ein Transparent".
Lisas Augen leuchteten. „Das ist die Idee. Ich bastel der Oma ein Transparent."
„Na, du brauchst es ja nur noch zusammenzuleimen." „Nein, es soll was viel schöneres sein! So ein Fenster, wie wir in Frankreich gesehen haben. So ein schönes Kirchenfenster. Sowas will ich basteln!"
„Das macht aber Arbeit" warf der Vater ein. „Da brauchst du erstmal eine Vorlage!" Mike rief: „Du hast doch noch die Pläne von damals, als du noch Pyramiden ausgesägt hast. Die können wir doch nehmen!"
„Ja, das ist ne Idee!" Sofort verschwand der Vater auf den Boden. „Ich hol die Schere" sagte Lisa. „Und ich die Filzstifte, so ein Fenster muß ja bunt sein" – mit diesen Worten verschwand auch Mike.
„Ja, und wer macht jetzt mit mir die Plätzchen fertig?" fragte Mutter konsterniert.
Zu Weihnachten stand dann auf dem Tisch der Oma ein buntes Kirchenfenster und leuchtete in die dämmrige Weihnachtsstube. Der Vater hatte es ausgesägt, Mike, der gut zeichnen konnte, hatte die Motive auf das Papier gemalt und Lisa alles wunderschön bunt gestaltet. „Da habt ihr mir aber eine Freude gemacht" sagte die Oma gerührt. „So schön sieht das aus, da wird es richtig weihnachtlich." „Ja, sagte Lisa, „durch die Menschen auf dem Fenster scheint das Licht. Das sind nämlich Heilige!" Vater lachte: „Mit Heiligen können wir wenig anfangen. Aber vielleicht kann man sagen, dass Menschen, die andern

eine Freude machen so was sind wie Heilige." „Nun," sagte Oma, „Und damit scheint durch sie ein Licht und dieses Licht erfreut andere Menschen. Vielleicht ist es das Licht des Glaubens, der uns dazu bringt, andere Menschen zu erfreun. Solche Menschen macht Gott zu Heiligen, weil sie sein Licht in die Welt strahlen lassen wie Ihr mit Eurem schönen Transparent!"

Und damit nahm sie das Transparent, baute es im Fenster auf und stellte die Kerze dahinter.

Inhalt

Advent Mt 24,1 - 25,46	56
Adventsgeschichte „Das Transparent"	68
Alte Zöpfe Mk 2,23-28	43
Blindheit Mk 8,22-26	1
Bußtag 2011	14
Entwaffnet Mt 8,5-13	25
Epiphanias 2014 Erscheinung	17
Erbe Rö 8, 14-17	62
Erfahrene Männer - Predigt im Schloß Vogtsberg am 23. 4. 2014 (ökumenischer Gottesdienst)	59
Erfüllung Joh 6,47-51	35
Erwachsenentaufe Rö 6, 3-10	65
Gier Jak 1,12-18	28
Gottes Mann fürs Grobe – Michaelis	22
Gottesvorstellungen Jes 40, 12-25	31
Kirchweih 2013 Die Kirche im Dorf lassen	37
Kleine Ursache, große Wirkung Mt 13, 31f	46
Liebe 1. Joh. 4, 7-11	4
Moral 1Thes 4,1	9
Opfer Gn. 22, 1-13	19
Orientierung Mt 13, 44-46	49
Prioritäten Lk 14, 16 – 24	40
Schwäche 2. Kor. 12, 1-10	12
Steckdose Joh 4, 19-26	33
Stille 1. Tim 2,1-6	6
Verborgene Schätze Mt 14, 22-33	51
Wahrhaftigkeit Mt 21, 28 – 32	53

Printed by Books on Demand GmbH, Norderstedt / Germany